प्रेरक प्रसंग

लेखक

शुकदेव प्रसाद

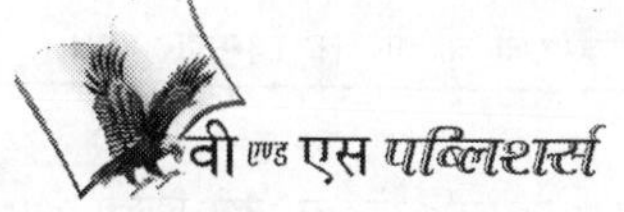

प्रकाशक

वी एण्ड एस पब्लिशर्स

F-2/16, अंसारी रोड, दरियागंज, नयी दिल्ली-110002

☎ 23240026, 23240027 • फैक्स: 011-23240028

E-mail: info@vspublishers.com • *Website:* www.vspublishers.com

शाखा : हैदराबाद

5-1-707/1, ब्रिज भवन (सेन्ट्रल बैंक ऑफ इण्डिया लेन के पास)

बैंक स्ट्रीट, कोटी, हैदराबाद-500 095

☎ 040-24737290

E-mail: vspublishershyd@gmail.com

ISBN 978-93-814481-0-6

नवीन संस्करण

मुद्रक: परम ऑफसेटर्स, ओखला, नयी दिल्ली-110020

प्रकाशकीय

प्रेरक प्रसंग महान व्यक्तियों के जीवन के रोचक एवं प्रेरक प्रसंगों का संकलन, अब नये कलेवर में आपके हाथों में है—यह पहले हमारी विश्वप्रसिद्ध शृंखला का 15वां पुष्प था।

प्रेरक प्रसंग ने अपने नये प्रारूप में अपनी पहली विशेषताओं को बरकरार रखते हुए कुछ नया भी जोड़ा है—अब यह पुस्तक पूरी तरह से घटनापरक हो गयी है, जिससे प्रसंगों की प्रस्तुति को एक सहज प्रवाह मिला है। इसके नये छोटे आकार के कारण आप इसे हमेशा अपने अंग-संग रख सकते हैं, सद्प्रेरणा की आवश्यकता तो प्रत्येक को सदैव ही रहती है। यह पुस्तक किसी विचार-संप्रदाय में बिना उलझाये आपको महान गुणों से जोड़ती है।

प्रत्येक क्षेत्र के विशिष्ट व्यक्तियों के प्रेरक प्रसंग हैं इस पुस्तक में। फक्कड़ मिजाज शायर हों या तेजतर्रार राजनीतिज्ञ, आविष्कर्ता हों या वैज्ञानिक, दार्शनिक-कलाकार हों या राष्ट्राध्यक्ष सभी इस पुस्तक के समानरूप से पात्र हैं। अपनी इसी विविधता के कारण इस पुस्तक की उपयोगिता और भी बढ़ गयी है, क्योंकि यह प्रत्येक क्षेत्र से जुड़े व्यक्तियों के लिए उपयोगी है।

प्रसंगों के साथ दिये गये रेखाचित्र आपको उस विशिष्ट व्यक्ति के आमने-सामने ला खड़ा करते हैं, इससे जहां आपकी उस व्यक्तित्व से पहचान होती है, वहीं आप सीधे ही उससे जुड़ जाते हैं।

इन रोचक तथा प्रेरणादायक प्रसंगों को संकलित करते समय विभिन्न देशी-विदेशी पुस्तकों की भी सहायता ली गयी है, जिसके लिए हम उनके प्रकाशकों एवं लेखकों के आभारी हैं।

हमेशा की तरह लिखना न भूलें कि यह नया रूप आपको कैसा लगा।

□□

विषय सूची

भगवान बुद्ध

आप दीपक बनो

भगवान बुद्ध उस समय मृत्युशय्या पर अंतिम सांसें गिन रहे थे कि किसी के रोने की आवाज उनके कानों में पड़ी। बुद्ध ने पास बैठे अपने शिष्य आनंद से पूछा, ''आनंद कौन रो रहा है?''

''भंते, भद्रक आपके अंतिमदर्शन के लिए आया है'', आनंद ने गुरुचरणों में प्रार्थना की।

''...तो उसे मेरे पास बुलाओ'', भगवान ने स्नेह से कहा।

आते ही भद्रक उनके चरणों में गिरकर, फूट-फूटकर रोने लगा। बुद्ध ने जब उससे कारण पूछा, तो वह भर्राई हुई आवाज में बोला, ''भंते जब आप हमारे बीच नहीं होंगे; तब हमें प्रकाश कौन दिखाएगा?'' भद्रक ने रोने का कारण बता दिया।

बुद्ध भद्रक की यह बात सुनकर मुस्कुराये। उन्होंने स्नेह से भद्रक के माथे पर हाथ रखा और उसे समझाया, भद्रक प्रकाश तुम्हारे भीतर है, उसे बाहर ढूंढने की आवश्यकता नहीं। जो अज्ञानी इसे देवालयों, तीर्थों, कंदराओं या गुफाओं में भटककर खोजने का प्रयास करते हैं, वे अंत में निराश होते हैं। इसके विपरीत मन, वाणी और कर्म से एकनिष्ठ होकर जो साधना में निरंतर लगे रहते हैं उनका अंतःकरण स्वयं दीप्त हो उठता है।

''भद्रक, 'अप्प दीपो भव' आप दीपक बनो।''

और यही था बुद्ध का परम जीवनदर्शन भी, जिसका वे आजीवन प्रचार-प्रसार करते रहे।

स्वामी विवेकानंद

शिष्टाचार

सन् 1893, शिकागो में, विश्व धर्म सम्मेलन में हिंदूधर्म का प्रतिनिधित्व स्वामी विवेकानंद कर रहे थे। 11 सितंबर को अपना प्रवचन देने जब वे मंच पर पहुंचे, तो वहां ब्लैक-बोर्ड पर लिखा हुआ था—'हिंदूधर्म मुर्दाधर्म।' स्वामीजी ने अपना भाषण शुरू किया, संबोधन था, ''अमरीकावासी बहनों व भाइयो!'' समूचा सभामंडप तालियों की आवाज से गूंज उठा। 'लेडीज एंड जेंटिलमेन' सुनने वालों के कानों में पड़े युवा संन्यासी के इस संबोधन ने मानो सबकी आत्मा को हिला-सा दिया। इन शब्दों से स्वामी जी ने हिंदूधर्म के शाश्वत मूल्यों की ओर संकेत कर दिया था—भाईचारा, आत्मीयता।

5 मिनट की जगह वे 20 मिनट तक बोले। समय से अधिक बोलने का अनुरोध सम्मेलन के अध्यक्ष कार्डिनल गिबन्स ने किया था।

यहीं से सूत्रपात हुआ हिंदूधर्म की वैज्ञानिक व्याख्या का और एकबार फिर से विश्व ने स्वीकार किया—भारत अब भी विश्व गुरू है। उसके 'सर्वधर्म समभाव' का सिद्धांत शाश्वत व श्रेष्ठ है।

अवगुन चित न धरो

स्वामीजी ने हिंदूधर्म की विजय पताका अमेरिका के विश्व धर्म सम्मेलन में फहरायी थी, उससे जो आह्लाद उस समय के गुलाम भारतीय जनमानस को हुआ था, शब्दों में उसे बांध पाना असंभव-सा है।

स्वामीजी के भारत आगमन पर महाराज खेतरी ने अपने दरबार में उनका अभिनंदन करना चाहा। समारोह में नृत्य का भी आयोजन किया गया था—दरबार की परंपरा के अनुसार। नृत्यांगना यह जानकर अत्यंत प्रसन्न थी कि 'आज वह उसके सामने गायेगी-नाचेगी जो 'समन्वय' का

प्रचार-प्रसार करने वाला एक युवा संन्यासी है नकि धन-दौलत पर नाज़ करने वाला कोई ऐय्याश युवा।

समारोह का प्रारंभ हुआ। जैसे ही नृत्यांगना उठी कि स्वामीजी उठकर दरबार के द्वार की ओर चल दिये। किसकी हिम्मत थी जो उन्हें ऐसा करने से रोकता—संन्यास की मर्यादा के विरुद्ध था एक संन्यासी का इस प्रकार नृत्य देखना या गीत सुनना। अभी वे थोड़ी ही दूर गये थे कि उन्हें गीत की इन पंक्तियों ने थाम लिया। और आश्चर्य हुआ वहां सभी बैठे हुए आगंतुकों को भी। उस समय उस नृत्यांगना ने जो गीत गाया, वह था—

प्रभु मोरे अवगुन चित न धरो,

समदरसी प्रभु नाम तिहारो, चाहो तो पार करो।

भजन में छिपा दर्द और समर्पण स्वामीजी को भीतर तक हिला गया—ईश्वर की सृष्टि से घृणा का किसी को कोई अधिकार नहीं है और फिर संन्यासी, वह तो इन सबसे परे है। *ब्रह्मविद् ब्रह्मैव भवति*—ब्रह्म को जानने वाला स्वयं ब्रह्मरूप हो जाता है। और ब्रह्म में कहां है—छोटा-बड़ा, ऊंचा-नीचा, पवित्र-अपवित्र जैसा भेद।

मुकाबला

स्वामीजी बनारस की गलियों से गुजर रहे थे, तभी एक बंदर उनके पीछे दौड़ा। स्वामीजी भागने लगे। बंदर उनके पीछे पड़ गया।

सारा दृश्य देख रहे एक साधारण से व्यक्ति ने स्वामीजी को हिम्मत बंधाते हुए कहा, "भागते क्यों हो, पीछे मुड़कर मुकाबला करो!" स्वामीजी पीछे मुड़कर खड़े हो गये। बंदर भाग खड़ा हुआ।

स्वामीजी लिखते हैं कि इस घटना का मेरे ऊपर बड़ा प्रभाव पड़ा। उस साधारण से आदमी ने मुझे यह सीख दी कि जब विपत्तियां या मार्ग में रोड़े आएं तो उनसे पीछा नहीं छुड़ाना चाहिए, अपितु उनका मुकाबला करना चाहिए। जीवन में सफलता का यही मंत्र है।

□□

रामकृष्ण परमहंस

मां, एक तू ही

रामकृष्ण परमहंस—करुणा और स्नेह की प्रतिमूर्ति, मां काली के परमभक्त, दया के आगार।

मथुराबाबू ने रामकृष्ण के चरणों में नौकाविहार की प्रार्थना की। रामकृष्ण तैयार हो गये। सभी अत्यंत प्रसन्न थे। नदी पार करके जब वे लोग रानाघाट के पास कलाई घाटा में गरीबों की बस्ती में पहुंचे, तो वहां लोगों की दीनदशा देखकर रामकृष्ण के नेत्रों से अश्रुधारा बह निकली। करुणा ने शब्दों का रूप लिया और वे पुकार उठे, "मां, तेरे रहते, तेरे इतने बेटे-बेटियां भूखे, नंगे और दुखी हैं। तेरे संसार में इतना दुख?"

मथुराबाबू ने शहर से वस्त्र और भोजन लाकर जब बस्ती में बांटा तब कहीं जाकर करुणा का हिलोरें मारता वह सागर थमा और वे बोल उठे, "मां, एक तू ही।"

इन्हीं के शिष्य स्वामी विवेकानंद ने इसी करुणा का आत्मा तक अनुभव किया और दीनदुखियों को विशेषण दिया—साक्षात्नारायण, दरिद्रनारायण!

इनके नाम पर स्थापित 'रामकृष्णमिशन' का उद्देश्य ऐसे ही नारायण रूपों की सेवा करना है!

दो टके की साधना

रामकृष्ण उसे एक टक तक रहे थे और वह गुस्से में आग बबूला हो अनाप-शनाप बक रहा था, "तुम नहीं जानते मुझे, मैं नदी के जल पर चल कर इस पार आया हूं।"

"बस दो टकाभर कमाया सारे जीवन में। दो टके नाव वाले को दे देते, वह तुम्हें पार कर देता," इतना कह रामकृष्ण के ओठों पर सहज मुस्कान तैर गयी।

सिद्ध ने इशारा समझ लिया था। जीवन की उपलब्धियों को इस तरह आंकना तो महानमूर्खता ही है।

❑❑

आचार्य विनोबा भावे

अपना ही सदस्य

प्रख्यात सर्वोदयी नेता आचार्य विनोबा भावे अपने भू-दान यज्ञ के लिए जब किसी गांव में किसी ऐसे व्यक्ति के पास जाते, जिसके पास आवश्यकता से अधिक भूमि होती तो वे उससे कहते, "आप कितने भाई हैं?"

यदि किसान उत्तर देता, "तीन" तो विनोबा कहते, "मुझे अपना चौथा भाई समझ लो और अपने भाई को थोड़ी भूमि दो।"

इसी तरह किसी से पूछते, "आपके कितने लड़के हैं?" यदि उत्तर मिलता दो या तीन या जो भी, तो विनोबा कहते, "मुझे अपना तीसरा या चौथा बेटा मानकर थोड़ा भूअंश दीजिए। कहना न होगा कि अपने इस प्रिय भाई या बेटे को कोई निराश न करता। इसी तरह दान में मिली भूमि को विनोबा भूमिहीनों में वितरित कर देते।

औजार साथ में

विनोबाजी स्थायी रूप से पवनार आश्रम में रहते थे। हरिजन सेवा और ग्राम स्वच्छता कार्यक्रम के सिलसिले में वे आश्रम से कोई तीन मील दूर स्थित सुरगांव गांव में बहुत दिनों तक जाते रहे। अपने साथ वे एक फावड़ा जरूर रखते।

एक दिन उनसे किसी ने पूछा, "आप रोज फावड़ा लेकर क्यों जाते हैं, सुरगांव में ही क्यों नहीं रखवा देते?"

विनोबाजी ने मुस्कुराते हुए उसे जवाब दिया, "जिस काम के लिए मैं जाता हूं, उसका औजार भी मेरे साथ होना चाहिए। इससे समय की बचत होती है। इसका एक और महत्त्व है। जिस प्रकार फौज का सिपाही अपनी बंदूक अपने साथ लेकर चलता है, उसी तरह 'सफैया' को भी अपने औजार सदा साथ लेकर चलना चाहिए।"

बात सही भी है, सदैव तैयार व्यक्ति ही जीवन में कुछ कर पाता है।

हजरत मोहम्मद

सुखद अंत

हजरत मोहम्मद अपने घर से जब निकलते तो रोज उनका एक पड़ोसी उनके ऊपर घर की छत पर रखा कूड़ा फेंक देता। वास्तव में वह उनसे न जाने किस वजह से नफरत करता था। मगर मोहम्मद साहब कुछ न कहते। वे सिर्फ एक नजर उस पर डालते और मुस्कुराते हुए आगे बढ़ जाते।

उनकी इस बात से वह और चिढ़ जाता। लेकिन वह भी अपनी जिद पर आमादा था—'देखते हैं आखिर यह बुड्ढा कब तक बर्दाश्त करता है?'

यह सिलसिला लंबे अर्से तक चलता रहा। लेकिन एक दिन जब मोहम्मद साहब उस गली से गुजरे और उनके ऊपर कूड़ा नहीं पड़ा तो उन्होंने छत की ओर देखा। पड़ोसी नदारद था। सो उन्होंने अन्य पड़ोसियों से उसकी खोज-खबर ली। मालूम हुआ, रात से ही उसकी तबीयत ठीक नहीं है, वह बीमार पड़ा है।

मोहम्मद साहब ऊपर चढ़ गये। पड़ोसी का हालचाल पूछा और उसकी सेहत के लिए वहीं बैठकर अल्लाह से दुआ करने लगे।

यह सारा नजारा देखकर पड़ोसी हैरान रह गया। वह मोहम्मद साहब के पांवों में गिर पड़ा और अपनी गलती के लिए क्षमा मांगने लगा।

मोहम्मद साहब ने बिना किसी गिले-शिकवे के उसे दिल से लगा लिया। लंबे अर्से से चली आ रही नफरत का सुखद अंत हो गया। पड़ोसी मोहम्मद साहब का शिष्य बन चुका था।

□□

सुकरात

उदारता

यूनान के महान दार्शनिक सुकरात एक दिन अपने शिष्यों के साथ घर के सामने बैठे किसी दार्शनिक चर्चा में संलग्न थे। इतने में किसी काम के लिए उनकी बीवी ने उन्हें आवाज दी।

बातचीत में वह इस कदर मशगूल थे कि अपनी पत्नी की आवाज की ओर उनका ध्यान ही न गया। कई बार बुलाने पर भी जब वह न उठे तो उनकी पत्नी ने मारे क्रोध के ऊपर से एक घड़ा पानी उनके ऊपर डाल दिया।

उनकी बीवी का यह आचरण उनके शिष्यों को भला न लगा। सुकरात ने सहज ही अपने शिष्यों की प्रतिक्रिया भांप ली और शांत स्वर में बोले, ''मेरी पत्नी कितनी उदार है जो उसने इस भयंकर गर्मी में मेरे ऊपर पानी डालकर मुझे शीतलता प्रदान करने की कृपा की है।''

शिष्यों की अपने गुरु के प्रति निष्ठा इस घटना के बाद और भी बढ़ गयी।

मृत्यु और आदर्श

''आप तैयार हो जाएं, हमने यहां से चलने की सारी व्यवस्था कर ली है'', शिष्यों ने निवेदन किया। सुबह सुकरात को दंडस्वरूप विषपान करना था।

''तो हम कहां चलेंगे?'' सुकरात ने प्रश्न किया।

''इस देश को छोड़ देंगे,'' एक शिष्य ने अधीर हो कहा।

''दूसरे देश में जा कर या तो हमें अपने देश के शासक की निंदा करनी होगी कि वह अन्यायी है, या फिर यह मानना होगा कि मैं गलत हूं। और मैं यह दोनों ही स्वीकार नहीं करता, न देश का अपमान, ना ही कि मैं गलत हूं।''

शिष्य हार गये। सुकरात ने मुस्कुराते हुए सुबह विषपान किया। मृत्यु सच्चे व्यक्ति को आदर्शों से नहीं हटा पाती।

महात्मा गांधी

नकल भी चोरी ही है

राजकोट के अल्फ्रेड हाई स्कूल की घटना है। हाई स्कूल का मुआयना करने आए हुए थे—शिक्षा विभाग के तत्कालीन इंस्पेक्टर जाइल्स।

नौवीं कक्षा के विद्यार्थियों को उन्होंने श्रुतलेख (इमला) के रूप में अंग्रेजी के पांच शब्द बोले, जिनमें एक शब्द था 'केटल'। कक्षा का एक विद्यार्थी मोहनदास इस शब्द के हिज्जे ठीक से नहीं लिख सका। मास्टर साहब ने उसकी कापी देखी और उसे अपनी बूट की ठोकर से इशारा किया कि वह अगले विद्यार्थी की कापी से नकल करके स्पेलिंग ठीक से लिख ले। पर मोहनदास ने वैसा नहीं किया। इंस्पेक्टर के चले जाने के बाद मास्टर ने कहा—

"तू बड़ा बुद्धू है मोहनदास। मैंने तो तुझे इशारा भी किया था, पर तूने अपने आगे वाले लड़के की कापी से नकल तक नहीं की। शायद तुझे अक्ल ही नहीं।"

मोहनदास ने दृढ़ता से कहा, "ऐसा करना धोखा देने और चोरी करने जैसा है, जो मैं हर्गिज नहीं कर सकता।"

यही बालक आगे चलकर राष्ट्रपिता महात्मा गांधी के नाम से मशहूर हुआ। बापू को भला कौन नहीं जानता?

झूठा समझे जाने का दुख

स्कूल में खेलकूद को जरूरी कर दिया गया था। हालांकि मोहनदास की रुचि खेल-कूद में नहीं थी, पर नियम पालन करने के लिए वे समय से स्कूल पहुंचते।

एक दिन अपने पिता की सेवा-शुश्रूषा में तन्मय होने व आसमान में छाये बादलों के कारण मोहनदास को समय का सही अंदाजा नहीं लग सका। स्कूल पहुंचे तो काफी देर हो चुकी थी, सभी जा चुके थे। अगले दिन हैडमास्टर ने बुलाकर पूछा, "कल खेल में क्यों नहीं आये?"

"मैं तो आया था, पर वहां कोई नहीं था।"

"तुम ठीक समय पर नहीं आये होगे?"

"मेरे पास घड़ी थी नहीं और आसमान में बादल भी थे, इसलिए समय का ठीक से ज्ञान नहीं हो सका", विद्यार्थी मोहनदास ने सच्चाई सामने रखी।

हैडमास्टर को उसकी बातों पर भरोसा न हुआ। उसने समझा कि लड़का झूठ बोल रहा है, सो 2 आने का जुर्माना कर दिया। बालक रोने लगा। वह जुर्माने के लिए नहीं रो रहा था, उसे तो इस बात का दुख था कि हैडमास्टर ने उसे झूठा समझा। उस बालक ने उसी समय संकल्प किया कि वह कभी झूठ नहीं बोलेगा बल्कि अपने में ऐसा आत्मबल पैदा करेगा कि लोग उसे सच्चा मानें।

❐❐

डॉ. राजेंद्रप्रसाद

इनाम

राष्ट्रपति राजेंद्र बाबू ने एक दिन देखा कि उनकी किताब के पन्ने फटे हुए हैं। उन्हें यह समझते देर न लगी कि यह बच्चों का काम है। राजेंद्र बाबू उनसे बातें कहलवा लेना चाहते थे, मगर वह चाहते थे कि स्वयं बच्चों पर आरोप न लगाएं। उनका मानना था कि ऐसा करने से बच्चों में अपराधी होने की भावना पैदा होती है।

उन्हें एक उपाय सूझा। उन्होंने बच्चों को बुलाकर कहा, "जिसने जितने पन्ने फाड़े हैं, उसे उतने पैसे दिये जाएंगे।"

सबने खुशी-खुशी पन्ने फाड़ने की बात बता दी। उन्हें इनाम भी दिये गये, मगर साथ ही राजेंद्र बाबू ने उन्हें समझाया कि पन्ने फाड़ना अच्छी बात नहीं। सारी बात अब बच्चे समझ गये। उन्होंने अपनी गलती कबूल की और फिर ऐसी गलती न करने का वायदा किया।

❐❐

गोपाल कृष्ण गोखले

परख

गोपाल कृष्ण गोखले, जिन्हें गांधीजी भी अपना राजनीतिक गुरू मानते थे, ने देशसेवा के उद्देश्य से 'भारत सेवक समाज' (सर्वेण्ट्स ऑफ इंडिया सोसायटी) नामक संस्था की स्थापना की थी। इस संस्था का सदस्य बनाने के लिए गोखले व्यक्ति की कड़ी परीक्षा लेते।

एक बार जब मुंबई म्युनिसिपालिटी के एक इंजीनियर ने इस संस्था का सदस्य बनने के लिए डॉ. देव के द्वारा गोखले जी को अपनी इच्छा बतायी तो गोखले जी ने स्पष्ट शब्दों में कहा कि यदि इंजीनियर महोदय देशसेवा करना चाहते हैं, तो पहले नौकरी से त्यागपत्र दें, तब उनकी सदस्यता के बारे में विचार किया जा सकता है (असल में, इंजीनियर महोदय की मन्शा थी कि यदि सदस्यता की स्वीकृति मिल जाए, तो वे नौकरी छोड़ें)।

गोखले जी की बात इंजीनियर महोदय को हिला न सकी, बल्कि उल्टा ही हुआ। उन्होंने नौकरी से त्यागपत्र दे दिया। और आखिर उन्हें संस्था का सदस्य बना लिया गया।

यह इंजीनियर कोई और नहीं, बल्कि वह युवक था, जो आगे चलकर 'ठक्कर बापा' के नाम से जाना गया।

'सेवा' में लेन-देन की नहीं बल्कि पूर्ण समर्पण की नीति कार्य करती है।

विद्वत्ता की धाक

कर्म और ज्ञान का अनूठा संगम थे गोखले जी। वे स्वाध्यायी थे, उनकी अंग्रेजी में भी बराबर की दखलंदाजी थी। उनकी इसी विद्वत्ता से अभिभूत होकर तत्कालीन भारतीय कमांडर इन चीफ किचनर ने तो यहां तक कह दिया था—"गोखले ने यदि कोई अंग्रेजी पुस्तक नहीं पढ़ी तो समझो कि वह पढ़ने योग्य ही न होगी।"

राजर्षि पुरुषोत्तमदास टंडन

सरकुलर

इलाहाबाद में जिला कांग्रेस कमेटी की बैठक थी। मीटिंग के दरमियान गांवों में रचनात्मक कार्यक्रम का प्रारूप जब लगभग तैयार हो गया, तभी जवाहरलालजी ने कहा, ''देखो भाई, दाढ़ी वगैरह बढ़ाकर कोई देहात में प्रचार करने नहीं जाएगा।''

जवाहरलालजी का आशय यह था कि इस कार्य में फूहड़पन का प्रदर्शन नहीं किया जाना चाहिए।

बैठक में राजर्षि टंडन भी मौजूद थे। जवाहरलालजी की बात सुनकर वे अपनी दाढ़ी पर हाथ फेरने लगे और बोले, ''भाई, यह सरकुलर परमानेंट दाढ़ी के लिए नहीं है।''

फिर क्या था, कमरा ठहाकों से गूंज उठा।

ज्यादा जरूरी

हिंदी साहित्य सम्मेलन का वार्षिक अधिवेशन दिल्ली में हो रहा था। साहित्यिक लोगों का खासा जमघट था।

अध्यक्ष का जुलूस निकलना था, पर अध्यक्ष यानी राजर्षि पुरुषोत्तमदास टंडन का कहीं अता-पता न था। खोज शुरू हुई। जब कुछ लोग उनके निवास-स्थल पर पहुंचे तो देखा कि राजर्षि अपने खादी के वस्त्र धो रहे थे।

एक सज्जन बोले, ''बाबूजी, आप यह साधारण काम क्यों कर रहे हैं? प्रतिनिधियों के कपड़े धोने के लिए धोबी की व्यवस्था की गयी है फिर आप क्यों तकलीफ उठाते हैं और उधर जुलूस निकलने में विलंब हो रहा है।''

बिना अपना काम रोके राजर्षि बोले, ''क्या मेरे बिना जुलूस नहीं निकल सकता? और हां, जिसे तुम साधारण काम समझ रहे हो, वह मेरे लिए जरूरी है। मैं स्वयंसेवक हूं और अपना काम दूसरों से करवाकर जुलूस का स्वांग बनाने में मुझे विश्वास नहीं है। मैं नियत समय पर अपना काम करना अधिक आवश्यक समझता हूं।''

लोकमान्य तिलक

विद्यार्थी

"तुम क्यों नहीं लिख रहे?" अध्यापक ने फटकारते हुए पूछा।

"आप जो लिखवा रहे हैं, वह मुझे अक्षरशः याद है", बालक तिलक ने बेहिचक जवाब दिया।

"अच्छा! तो सुनाओ! यदि न सुना सके, तो चमड़ी उधेड़ दूंगा।"

विद्यार्थी ने सारा पाठ सुना दिया।

शिष्य की तत्परता ने गुरु को विवश कर दिया।

कैसी सजा

बच्चों का स्कूल। इतिहास की कक्षा चल रही थी। अध्यापक बच्चों को इतिहास का कोई पाठ लिखा रहे थे। पढ़ाते-पढ़ाते अध्यापक की फर्श पर नजर पड़ी, वहां मूंगफली के छिलके बिखरे पड़े थे। फिर क्या था, उन्होंने न किसी से पूछा, न जानकारी ही लेनी चाही कि किसने ऐसा किया है; छड़ी उठा ली और लगे एक सिरे से सभी छात्रों को धुनने।

पीटते-पीटते जब वे एक विद्यार्थी के पास पहुंचे तो उसने उन्हें रोकते हुए कहा, "मुझे मत मारिए, जब मैंने गलती नहीं की है तो मैं सजा क्यों भुगतूं!"

उक्त छात्र की बात में दम था। किसी एक छात्र की गलती की सजा पूरी कक्षा के विद्यार्थी क्यों भुगतें? गुरुजी ने उसे मारा नहीं और आगे बढ़ गये।

यह घटना लोकमान्य बाल गंगाधर तिलक के विद्यार्थी जीवन की है। वह बचपन से ही निर्भीक थे। आगे चलकर उन्होंने ही सबसे पहले देश को यह नारा दिया था—"*स्वतंत्रता हमारा जन्मसिद्ध अधिकार है।*" और इसी उद्घोष के साथ वे राष्ट्रीय जनजीवन में कूद पड़े थे।

पं. मोतीलाल नेहरू

जुकाम

एक बार पं. मोतीलालजी को जोरों का जुकाम हो गया। खद्दर के रूमाल से नाक पोंछते-पोंछते वे परेशान हो गये। इसी बीच उनके एक जिगरी दोस्त उनका हालचाल पूछने आ गये। मोतीलालजी की लाल-लाल नाक देखकर उन्होंने पूछा, "क्या हुआ पंडितजी, आपको जुकाम हो गया है?"

नाक पोंछते हुए पंडितजी बोले, "जी हां, अब थोड़े ही दिन का और मेहमान है।"

आश्चर्य से मित्र ने प्रश्न उछाला, "क्या मतलब?"

पंडितजी हल्की-सी मुस्कान बिखेरते हुए बोले, "भला गांधीजी के राज में किसी को जुकाम कैसे हो सकता है?"

"मैं समझा नहीं", मित्र ने शंका की।

"खादी के रूमाल से नाक पोंछते-पोंछते जब नाक ही गायब हो जाएगी, तो भला जुकाम क्योंकर रह जाएगा", पंडितजी ने खुलासा किया। फिर तो सभी हंसते-हंसते लोटपोट हो गये।

चूल्हे की लकड़ी

नमक कानून तोड़ने के सिलसिले में जब जवाहरलाल जी गिरफ्तार हो गये, तो उनकी गिरफ्तारी के विरोध में आयोजित सभा में मोतीलाल जी ने सभा को संबोधित करते हुए बड़ी सहजता में कहा—"मुझे इस बात का कतई यकीन नहीं कि नमक कानून तोड़ने से अंग्रेजी हुकूमत चली जाएगी, पर जब महात्मा जी ऐसा कहते हैं, तो मैं भी उनकी आज्ञा मान लेता हूं। अगर चूल्हे में एक लकड़ी लगा देने से जवाहरलाल पकड़ा गया, तो मैं भी उसमें एक लकड़ी लगाये देता हूं।"

जिस पर नमक बनाया जा रहा था उस चूल्हे में उन्होंने भी एक लकड़ी डाली और गिरफ्तार हो गये। ❑❑

पं. मदनमोहन मालवीय

निजाम की लज्जा

महामना मदनमोहन मालवीयजी जब काशी हिंदू विश्वविद्यालय के लिए दान लेने हैदराबाद के निजाम के पास गये तो निजाम ने कुछ भी मदद करने से साफ इनकार कर दिया। मगर मालवीयजी भी हार मानने वाले नहीं थे। वे उपयुक्त अवसर तलाशने लगे।

इत्तफाक से, उसी समय एक सेठ का निधन हो गया। सजधज के साथ उसका शवविमान निकला। शवयात्रा में उसके घर वाले पैसों की वर्षा करते चल रहे थे। मालवीयजी को एक विचार सूझा। वे भी उसमें शामिल हुए और लगे शवयात्रा में पैसे बटोरने।

एक मित्र ने जब ऐसा करने का कारण पूछा, तो मालवीयजी झट से बोले, ''भाई, क्या करूं, तुम्हारे निजाम ने कुछ भी देने से इनकार कर दिया और जब खाली हाथ बनारस लौटूंगा तो लोगों के पूछने पर कि हैदराबाद से क्या लाए, क्या कहूंगा कि खाली हाथ लौट आया? भाई, निजाम का दान न सही, शवविमान का ही सही।''

बात फैलते-फैलते निजाम तक जा पहुंची। निजाम बहुत लज्जित हुआ। उसने महामना से माफी मांगी और विश्वविद्यालय के लिए काफी अनुदान दिया।

लगाव

मालवीयजी काशी हिंदू विश्वविद्यालय के एक छात्रावास का निरीक्षण करने गए। एक कमरे के छात्र ने दीवार के एक कोने में पैंसिल से कुछ हिसाब लिखा हुआ था।

मालवीयजी ने उसे समझाया, ''मेरे दिल में तुम्हारे प्रति जितनी ममता और लगाव है, उतना ही लगाव विश्वविद्यालय की प्रत्येक ईंट से है। मैं आशा करता हूं कि भविष्य में तुम ऐसी गलती फिर नहीं करोगे।'' फिर उन्होंने जेब से रूमाल निकालकर दीवार को साफ कर दिया। छात्र लज्जित हो गया।

महापंडित

काशी के पंडितों ने मिलकर मालवीयजी को ''महापंडित'' की उपाधि देनी चाही।

मालवीय को यह ढकोसला पसंद नहीं आया। उन्होंने साफ कहा कि ''पंडित'' ही अपने आपमें एक बड़ी उपाधि है, फिर ''महापंडित'' क्या?

पंडितों का दल अपना-सा मुंह लेकर वापस लौट गया।

राज

एक बार कुछ अंग्रेज शिक्षाविद् बनारस आये। उन्होंने काशी हिंदू विश्वविद्यालय देखने की इच्छा जाहिर की। मालवीयजी ने उन्हें विश्वविद्यालय की एक-एक इमारत बड़े मनोयोग से दिखाई और विस्तार से सबके बारे में बताते भी रहे।

सिर्फ एक इमारत बाकी रह गयी थी, वह थी इंजीनियरिंग कॉलेज की इमारत। चूंकि मालवीयजी को किसी जरूरी बैठक में जाना था, अतः उन्होंने प्रो. टी. आर. शेषाद्रि से कहा कि आप इन महानुभावों को इंजीनियरिंग कॉलेज दिखा दें।

प्रो. शेषाद्रि बोले, ''अब तो शाम हो गयी है, शायद कॉलेज बंद भी हो चुका हो।'' फिर भी मालवीयजी ने कहा, ''कोई बात नहीं, वहां चपरासी तो होगा ही।''

शेषाद्रिजी ने शंका व्यक्त की, ''बहुत संभव है कि इस समय कोई चपरासी भी न हो।''

मालवीयजी ने उसी धैर्य से कहा, ''फिर भी ये लोग बंद दरवाजों में लगे कांचों से ही झांककर भीतर देख लेंगे। आप इन्हें ले जाइए।''

मालवीयजी और प्रो. शेषाद्रि की बातचीत सुन रहे अंग्रेजों में से एक ने कहा, ''अब मेरी समझ में आ गया कि किस प्रकार इतने बड़े विश्वविद्यालय का निर्माण हुआ होगा।''

यह वाक्य कहकर उन्होंने मालवीयजी के धीरज की प्रशंसा की थी।

□□

चंद्रशेखर 'आजाद'

नाम 'आजाद' घर 'जेलखाना'

उस समय महात्मा गांधी का असहयोग आंदोलन जोरों पर था। चंद्रशेखर भी स्वदेशी की भावना से प्रभावित हुए बगैर न रह सका। फलतः हाथ में झंडा लेकर जोशीले नारे लगाते हुए वह भी छात्रों के एक जुलूस में शामिल हो गया।

पुलिस ने उसे गिरफ्तार कर लिया और मैजिस्ट्रेट के सामने हाजिर किया।

मैजिस्ट्रेट ने पूछा, "नाम?"

"आजाद!"

"पिता का नाम?"

"स्वाधीन।"

मैजिस्ट्रेट को लगा कि लड़का जिद्दी है। उसका अगला सवाल था, "और तुम्हारा घर?"

आजाद ने उसी तल्खी से जवाब दिया, "जेलखाना।"

अब तो मैजिस्ट्रेट गुस्से से उबल पड़ा। उसने आजाद को 15 बेंतों की सजा सुनायी। जेल के सामने खुले मैदान में आजाद ने "वंदेमातरम्" और "महात्मा गांधी की जय" के उद्घोष के साथ नंगी पीठ पर बेंतों की मार सह ली और उफ तक न की।

जेल से बाहर आने पर डॉ. संपूर्णानंद ने चंद्रशेखर को 'आजाद' नाम से संबोधित किया, फिर तो वह इसी नाम से लोकप्रिय हो गये—चंद्रशेखर 'आजाद'।

□□

वीर सावरकर

देशद्रोह

जिस दिन एडवर्ड सप्तम का राज्याभिषेक हो रहा था, उस दिन हमारे देश के कुछ चाटुकार भी समारोह आयोजित कर रहे थे।

महान क्रांतिकारी वीर सावरकर (विनायक सावरकर) उस समय किसी कार्यवश त्र्यंबकेश्वर गये हुए थे। उन्होंने ऐसा ही नजारा वहां भी देखा। उनका मन दु:खी हो गया।

एक समारोहस्थल पर पहुंचकर उन्होंने नौजवानों से कहा—''धिक्कार है तुम्हें, जो तुम ऐसी खुशियां मना रहे हो। क्या तुम्हें यह अनुभव नहीं होता कि यह अभिषेकोत्सव नहीं है, बल्कि तुम्हारी गुलामी का उत्सव है? क्या तुम यह अनुभव नहीं करते कि विदेशी शासक के प्रति राजभक्ति का प्रदर्शन तुम्हारी अपने देश और जाति के प्रति द्रोह की अभिव्यक्ति है?''

आयोजकों ने क्षमा मांगते हुए अपना डेरा-डंडा समेट लिया।

मैं तो जीवित रहूंगा

वीर सावरकर को ब्रिटिश हुकूमत ने कालेपानी की सजा देकर अंडमान भेज दिया। उन्हें दो जन्मों (तकरीबन 40 वर्षों) की सश्रम कारावास की सजा दी गयी थी।

उनके गले में '40 वर्ष कारावास' का पट्टा देखकर जेलर ने उनसे पूछा, ''क्या तुम 40 वर्ष की सजा काटने तक जीवित रह सकोगे?''

वीर सावरकर ने बिना विचलित हुए बेसाख्ता कहा, ''मैं तो जरूर जीवित रहूंगा, पर यह भी तय है कि ब्रिटिश हुकूमत की जड़ें इतनी अवधि के पहले ही भारत से नेस्तनाबूद हो जाएंगी।''

सावरकर की भविष्यवाणी अक्षरश: सच साबित हुई।

❑❑

सुभाषचंद्र बोस

दो महापुरुष

जून 1940, स्थान सेवाग्राम। गांधीजी ने सुभाष से कहा, "तुम्हारा आग्रह है कि जन-आंदोलन छेड़ दिया जाए। तुम संघर्ष में ही निखरते हो। तुम्हारा देशप्रेम और भारत को स्वतंत्र कराने का संकल्प अद्वितीय है। तुम्हारी निष्ठा पारदर्शी है। आत्मबलिदान और कष्टसहन की भावना में तुम बेजोड़ हो। लेकिन मैं चाहता हूं कि इन गुणों का उपयोग अधिक सही समय पर किया जाए।...." यह सुनकर सुभाष का कहना था, "इंग्लैंड इस युद्ध में जीते या हारे, इतना निश्चित है कि वह कमजोर हो जाएगा। उसमें इतनी शक्ति नहीं रहेगी कि वह भारत के प्रशासन की जिम्मेदारी ढो सके। फिर हमारे थोड़े से प्रयास से ही वह भारत की स्वतंत्रता को मान्यता प्रदान कर देगा।"

इतना कहकर, अधीर होकर सुभाष गांधीजी से बोले, "बापू, अगर आप ललकारें तो समूचा राष्ट्र आपके पीछे खड़ा हो जाएगा।"

मगर बापू अपनी बात पर डटे रहे, "भले ही समूचा राष्ट्र तैयार हो, फिर भी मुझे वह काम नहीं करना चाहिए, जिसके लिए यह घड़ी उपयुक्त नहीं है।"

सुभाष अधीर हो रहे थे। उन्होंने याचना के स्वर में कहा, "आजादी का आंदोलन छेड़ने के लिए आशीर्वाद दीजिए।"

"सुभाष, तुम्हें मेरे आशीर्वाद की आवश्यकता नहीं है। यदि तुम्हारा अंत:करण यह कहता है कि शत्रु पर आक्रमण के लिए यही समय उपयुक्त है तो आगे बढ़ो और भरपूर चेष्टा करो। तुम सफल रहे तो मैं तुम्हारा अभिनंदन सबसे पहले करूंगा।" इस प्रकार सुभाष बापू से हताश होकर 16 जनवरी, 1941 की रात को भारत छोड़कर विश्व की अन्य शक्तियों से मदद की तलाश में निकल पड़े और फिर कभी स्वदेश नहीं लौटे।

डॉ. जाकिर हुसैन

सबक

यह घटना दिल्ली स्थित जामिया मिलिया विश्वविद्यालय की है। क्योंकि जाकिर साहब स्वयं अनुशासनप्रिय और सफाई पसंद थे, इसलिए वे विद्यार्थियों को भी वैसा ही बनने को कहते, मगर उन्होंने महसूस किया कि विद्यार्थी उनके कहे पर ध्यान नहीं दे रहे हैं, सो उन्होंने विद्यार्थियों को अच्छा सबक सिखाना चाहा।

एक दिन प्रात: छात्रों को यह देखकर बड़ा आश्चर्य हुआ कि संस्था के प्रधान जाकिर साहब विद्यालय के द्वार पर पॉलिश और ब्रश लिये बैठे हैं। यह नजारा देखकर सब पानी-पानी हो गये। इस घटना का विद्यार्थियों पर अनुकूल प्रभाव पड़ा। अब वे नियम से अपने जूतों पर पॉलिश ही करके नहीं आने लगे बल्कि अनुशासित भी हो गये।

❑❑

फखरुद्दीन अली अहमद

चालीस साल पहले

लोकसभा में बहस चल रही थी। सदस्यों ने फखरुद्दीन अली अहमद से कई बेतुके सवाल पूछे। उनमें से एक सवाल यह भी था, ''क्या यह सच है कि आपने सोलह साल की लड़की से विवाह किया है?''

उन्होंने स्वीकार किया कि यह सच है। उनके मुंह से इतना निकलना था कि क्या कांग्रेसी और क्या विरोधी, सभी सदस्य सकते में आ गये।

तभी उन्होंने धीरे से कहा, ''लेकिन चालीस साल पहले।'' इसके बाद क्या हुआ होगा, इसका अंदाज आप स्वयं लगा सकते हैं।

❑❑

डॉ. सर्वपल्ली राधाकृष्णन्

माकूल जवाब

एक प्रीतिभोज के अवसर पर अंग्रेजों की तारीफ करते हुए एक अंग्रेज ने कहा, ''ईश्वर हम अंग्रेजों को बहुत प्यार करता है तभी उसने हमारा निर्माण बड़े यत्न और स्नेह से किया है। तभी हम सभी इतने गोरे हैं।''

उस सभा में डॉ. राधाकृष्णन् भी उपस्थित थे। उन्हें यह बात अच्छी नहीं लगी। अत: उन्होंने उपस्थित मित्रों को संबोधित करते हुए एक मनगढ़ंत किस्सा सुनाया, ''मित्रो, एक बार ईश्वर का रोटी बनाने का मन हुआ। उन्होंने जो पहली रोटी बनायी, वह जरा कम सिंकी, वे रोटी ये अंग्रेज हैं। दूसरी रोटी कच्ची न रह जाए, इस नाते भगवान ने उसे ज्यादा देर तक सेंका और वह जल गयी। वह जली हुई रोटी 'नीग्रो' हैं। मगर इस बार भगवान जरा चौकन्ने हो गये। वह ठीक से रोटी पकाने लगे। इस बार जो रोटी पकी, वह न तो ज्यादा कच्ची थी, न पक्की। ठीक सिंकी थी, हम भारतीय वही ठीक से सिंकी रोटी हैं।

यह किस्सा सुनकर उस अंग्रेज का सिर शर्म से झुक गया और बाकी लोगों का हंसते-हंसते बुरा हाल हो गया।

साक्षात् राधाकृष्ण भी

राज्यसभा में प्रश्नोत्तरकाल के दौरान पहला सवाल पूछा सीता परमानंद ने। दूसरा सवाल पूछा सावित्रीदेवी ने और तीसरा सवाल किया पार्वतीदेवी ने।

अध्यक्ष डॉ. राधाकृष्णन् को एक विनोद सूझा। मुस्कुराते हुए वे बोले, ''ओह, आज तो हमारे बीच सीता, सावित्री, पार्वती सभी विद्यमान हैं।''

''जी हां, अध्यक्ष महोदय!'' महावीर त्यागी ने उठकर कहा, ''इतना ही नहीं, साक्षात् राधाकृष्ण भी तो हमारे बीच विराजमान हैं।'' त्यागीजी के इस माकूल परिहास पर सदन में कहकहा उठा।

❐❐

लालबहादुर शास्त्री

नींव के पत्थर

श्री लालबहादुर शास्त्री 'सर्वेण्ट्स ऑफ इंडिया सोसाइटी' के सदस्य थे। वे एक कर्तव्यनिष्ठ स्वयंसेवक थे, पर अखबारी प्रचार-प्रसार से दूर ही रहते।

एक दिन एक अन्य स्वयंसेवक ने उनसे पूछा, ''भाई, आपको आखिर अखबारों में अपना नाम छपवाने से इतना परहेज क्यों है?''

शास्त्रीजी ने उन्हें बताया, ''मित्र, आज भी मुझे लाला लाजपत राय के वे शब्द याद हैं। उन्होंने 'सोसाइटी' के लिए कार्य की दीक्षा देते हुए कहा था—'लालबहादुर! ताजमहल में दो तरह के पत्थर लगे हैं, एक बढ़िया संगमरमर है, जिसके मेहराब और गुंबद बने हैं, दुनिया उन्हीं की प्रशंसा करती है। दूसरे हैं नींव के पत्थर, जिनकी कोई प्रशंसा नहीं करता।''

इसके बाद थोड़ा रुककर शास्त्रीजी ने बड़ी विनम्रता से उनसे अपनी मंशा जाहिर की, ''और मेरे मित्र, मैं नींव का ही पत्थर बना रहना चाहता हूं।''

सुबूत

राज्यसभा में एक सदस्य (जो उद्योगपति थे) ने शिकायत के लहजे में कहा कि 'नेहरू स्मारक कोष' में जमा किये जा रहे धन के बारे में कई शिकायतें सुनने में आ रही हैं। उन्होंने इसे एक 'घोटाला' करार दिया और इसकी निंदा करते हुए जांच के लिए अपील की। शास्त्री जी उठ खड़े हुए और बोले, ''माननीय सदस्य को अपनी ओर से एक बड़ी राशि इस कोष में जमा करनी चाहिए। फिर उन्हें इस बात का सुबूत मिल जाएगा कि उनके द्वारा दी गयी राशि जमा की गयी है या नहीं।''

यह बात सुनकर शिकायती सदस्य महोदय को तो मानो सांप ही सूंघ गया।

पं. जवाहरलाल नेहरू

नियम तो नियम है

उन दिनों पंडित जवाहरलाल नेहरू इलाहाबाद नगर महापालिका के अध्यक्ष थे। एक दिन वे अपने कार्यालय में बैठे थे कि जल-कल के टैक्स-सुपरिटेंडेंट डॉ. अबुल फजल उनके पास आये और उनकी मेज पर एक कागज बढ़ाकर बोले, ''यह उन लोगों के नामों की सूची है जिन्होंने अभी तक पानी का टैक्स अदा नहीं किया है। नियम के अनुसार इन सभी के कनेक्शन काट दिये जाने चाहिए। आपकी क्या राय है?''

''मेरी राय की क्या जरूरत आ पड़ी? आपको दिक्कत क्या है?''

''बात दरअसल यह है कि इस सूची में जिन लोगों के नाम लिखे गये हैं, वे सभी प्रतिष्ठित व्यक्ति हैं,'' डॉ. फजल ने अपनी दुविधा बतायी।

''अरे भाई, नियम तो नियम है। नियम सबके लिए एक समान होना चाहिए। इसमें भला प्रतिष्ठित और सामान्य नागरिकों में भेदभाव क्या?'' नेहरूजी बड़ी बेतकल्लुफी से बोले। फिर क्या था, आदेश का परिपालन हुआ। जवाहरलाल नेहरू के घर पर भी पानी बंद था। पानी का कनेक्शन उनके पिता पंडित मोती लाल नेहरू के नाम था, सो वह भी नियम के शिकार हुए।

मोतीलालजी बहुत नाराज हुए। उन्होंने जवाहरलाल को बुलाकर कहा, ''आखिर ऐसा करने से पहले कम-से-कम महापालिका को एक नोटिस तो देना ही चाहिए था।''

नेहरूजी ने विनम्रता से प्रतिवाद किया, ''इतना तो नागरिकों का भी कर्तव्य है कि वे समय से टैक्स अदा कर दिया करें। नियम के आगे मैं मजबूर था, क्योंकि नियम सबके लिए समान है।''

मोतीलालजी ने अपने बेटे को नियम की पाबंदी के लिए शाबाशी दी।

स्नेह-चिह्न

सन् 1936 की बात है। नेहरूजी तमिलनाडु की यात्रा पर थे। कोयम्बतूर जिले का भ्रमण करने के पश्चात् वे मदुराई के लिए रवाना हो रहे थे।

उन्हें विदा करते समय टी. एस. अविनाशिलिंगम् चेट्टियार (कांग्रेस के जिला अध्यक्ष, जो बाद में मद्रास सरकार के शिक्षा मंत्री भी हुए) ने नेहरू जी के हाथों में खरोंचें देखीं। उनकी दोनों हथेलियों से लेकर कुहनियों तक खरोंचें थीं और कहीं-कहीं तो खून की बूंदें भी छलक आईं थीं। कारण यह था कि नेहरूजी को देखने और उनसे मिलने की आकांक्षा में हजारों नर-नारी उमड़ पड़े थे। बहुतों ने उनका हाथ दबा-दबाकर अपना स्नेह प्रदर्शित किया था। भला वे कैसे स्नेहोपहार न स्वीकारते।

चेट्टियार ने खेद प्रकट करते हुए कहा, ''हमारे जिले के लोगों ने आपको इतनी तकलीफ दी है, सो मैं उनकी ओर से माफी मांगता हूं।''

''अरे भाई, इसमें माफी मांगने जैसी कोई बात नहीं है। मुझे तो अफसोस इस बात का है कि ये खरोंचें जल्दी ही भर जाएंगी। ये तो हमारी जनता के स्नेह-चिह्न हैं'', नेहरू जी ने स्नेह भरा ढाढ़स बंधाया।

नहीं मालूम था

नेहरू जी ने रूसी बच्चों के लिए हाथी का एक बच्चा रूस भिजवाया। कुछ दिन बाद जब वे बच्चों के बीच घिरे बैठे थे, एक बच्चे ने उलाहना भरे शब्दों में कहा, ''आप जानवरों को तो बाहर भेजते हैं, हमें क्यों नहीं?''

चाचा नेहरू ने गंभीरता का नाटक करते हुए जवाब दिया, ''मुझे नहीं मालूम था कि तुम भी----'' फिर मुस्कुराते हुए बोले, ''अच्छा आगे से ध्यान रखूंगा।''

जब उस बच्चे को चाचा की चुप्पी का रहस्य समझ आया तो बेचारा झेंप गया।

चाचा ने दूसरे बच्चों के साथ मिलकर उसकी खिंचाई भी कर दी। माहौल बच्चों की हंसी से चहक उठा।

❑❑

श्रीमती इंदिरा गांधी

बहिष्कार

उन दिनों देश में विदेशी वस्त्रों के बहिष्कार की लहर थी। जगह-जगह विदेशी वस्त्रों की होली जलायी गयी।

घर में बड़ों की देखा-देखी उस छोटी-सी बच्ची ने भी विदेशी वस्त्र पहनना छोड़ दिया।

घर में कोई हमउम्र बच्चा तो था नहीं, सो वह एक प्यारी-सी गुड़िया को ही अपना दोस्त समझती और उसे सदा अपने पास रखती।

एक दिन उसके एक रिश्तेदार ने टोक दिया, ''जब, तुम विदेशी फ्रॉक नहीं पहनती, तब फिर विदेशी गुड़िया क्यों अपने पास रखती हो?''

बात तो हंसी-मजाक में कही गयी थी, पर बच्ची को वह बात लग गयी। उसने अपनी प्यारी गुड़िया उठायी और छत पर जाकर उसे जला डाला। उसे ऐसा करने में दुःख तो बहुत हुआ, क्योंकि एकमात्र गुड़िया ही उसकी संगी-साथी थी, फिर भी उसे संतोष था कि वह देशप्रेम की राह पर बढ़ रही है।

यह बच्ची और कोई नहीं जवाहरलाल नेहरू की बेटी इंदिरा गांधी थी।

कसम टूट गयी

बचपन में हुई किसी घटना के कारण इंदिरा गांधी ने कहीं भी भाषण न देने की कसम खायी थी, इसीलिए उन्होंने दक्षिण अफ्रीका पहुंचने पर वहां के पदाधिकारियों को भाषण देने को मना कर दिया, ''नहीं, नहीं मैं एक शब्द भी नहीं कहूंगी और इसी शर्त पर सभा में आऊंगी।''

अधिकारी इंदिरा जी के अफ्रीका पहुंचने पर उनका स्वागत और अभिनंदन करना चाहते थे। इंदिरा जी का ऐसा रुख देख वे सब सकते में आ गये। उन्होंने हामी भरते हुए

कहा, "ठीक है, आप मंच पर बैठी रहिएगा, हम किसी तरह लोगों को समझा देंगे कि आप क्यों नहीं भाषण कर रही हैं।"

स्वागत सभा 4 बजे शाम को थी, बाकी सारा समय वे अफ्रीकी रेलकर्मियों की बस्ती में घूमती रहीं। कामगारों की दुर्दशा देखकर वे बैचेन हो उठीं।

शाम को स्वागत सभा में जब अधिकारियों ने इंदिरा जी के भाषण न देने की घोषणा की, तो उनका धैर्य जवाब दे गया। उन्होंने टेबल पर घूंसा पटकते हुए कहा, "नहीं, मैं कुछ बोलना चाहती हूं।"

अधिकारियों के लिए यह दूसरा अचरज था। उसके बाद माइक्रोफोन पर, जोश में, वे क्या बोलीं, यह उन्हें भी याद नहीं रहा। लेकिन भाषण के बाद जिस प्रकार उन्हें घेर लिया गया था और अफ्रीकी महिलाएं जिस तरह से उनसे हाथ मिला या चूम रही थीं, उससे जाहिर था कि उनके दर्द को इंदिरा जी के शब्दों में सच्ची अभिव्यक्ति मिल गयी थी।

इसके बाद तो भाषणों का सिलसिला ऐसा चला कि वह उनके जीवन की अंतिम सांसों तक चलता रहा।

कोई भी

बच्ची इंदिरा जानती थी कि बापू उनके पापू (वह घर में अपने पिता को इसी नाम से पुकारती थी) से कितना स्नेह करते हैं। एक दिन जब बापू ने किसी प्रसंग में कहा कि 'जो भी गलती करे उसे सजा मिलनी ही चाहिए,' तो झट से 'इंदिरा' ने बापू से पूछा, "तो बापू क्या यदि पापू भी कोई गलती करेंगें तो आप उन्हें सजा देंगे?"

"हां क्यों नहीं। उन्हें भी जरूर सजा मिलेगी।"

इंदिरा के बालपन ने जितनी तेजी से स्नेह के मनोविज्ञान के अस्त्र का प्रयोग कर बापू को चुप करना चाहा था, उतनी ही तेजी से उसने इस बात को भी स्वीकार कर लिया कि अपराधी को दंड मिलना ही चाहिए, वह चाहे कोई भी हो।

□□

सुरेन्द्रनाथ बनर्जी

स्थितप्रज्ञ

बंगाल के प्रख्यात राजनयिक सुरेन्द्रनाथ बनर्जी के जीवन की घटना है। भारतीय स्वाधीनता संग्राम में उनके योगदानों की महत्ता किसी से छिपी नहीं है।

एक दिन सायंकाल कलकत्ता में कोई बड़ी राजनीतिक सभा होने वाली थी, जिसे उन्हें ही संबोधित करना था। उसी दिन प्रात: उनके पुत्र का दु:खद निधन हो गया।

सभी सोच रहे थे कि संभवत: बनर्जी महाशय आज सभा में आएं ही नहीं, परंतु लोगों के आश्चर्य का तब कोई ठिकाना न रहा जब वे सायंकालीन सभा में ठीक समय पर आ उपस्थित हुए। उन्होंने सभा को इस अंदाज में संबोधित किया, मानो कुछ हुआ ही न हो।

❑❑

कोनराड एडिनावर

जादूगर

पश्चिम जर्मनी के प्रधानमंत्री कोनराड अपने जीवन के 9वें दशक में प्रवेश कर चुके थे।

लंबी बीमारी की अवस्था में एक दिन उन्होंने अपने प्राइवेट डॉक्टर से कहा, ''आप भी कैसे डॉक्टर हैं, देखते नहीं, मेरी सेहत दिनों-दिन गिरती जा रही है!''

डॉक्टर ने कहा, ''मैं देख तो रहा हूं, पर मैं कोई जादूगर तो नहीं कि आपको फिर से जवान कर दूं।''

एडिनावर ने प्रतिवाद किया, ''मैंने यह कब कहा कि मैं फिर से जवान होना चाहता हूं। मैं तो सिर्फ यह चाहता हूं कि काफी वर्षों तक और ज्यादा बूढ़ा होता जाऊं।''

❑❑

अब्राहम लिंकन

संकल्प

लिंकन को एक बार पता चला कि नदी के दूसरी ओर ओगमोन नामक गांव में एक अवकाशप्राप्त न्यायाधीश रहते हैं, जिनके पास कानून की पुस्तकों का अच्छा संग्रह है। सो वह कड़ाके की सर्दी के दिनों में उस बर्फानी नदी में नाव में बैठ गया। नाव वह स्वयं खे रहा था। आधी नदी उसने पार की होगी कि नाव एक बड़े बर्फ के पत्थर से टकराकर चूर-चूर हो गयी। फिर भी साहस का धनी नौजवान लिंकन निराश नहीं हुआ। उसने बड़ी मुश्किल से तैरकर नदी पार की और जा पहुंचा रिटायर्ड जज के घर।

इत्तफाक से उस समय जज का घरेलू नौकर भी नहीं था, सो लिंकन को जज के छोटे-मोटे घरेलू काम भी करने पड़ते। वह जंगल से लकड़ियां बटोरकर लाता और घर में पानी भी भरता।

पारिश्रमिक के नाम पर लिंकन ने सिर्फ एक ही इच्छा जाहिर कि वह उक्त जज की सारी किताबें पढ़ने भर को पा सके। जज ने खुशी-खुशी उसे अपनी पुस्तकों को पढ़ने का मौका दिया। संकल्प का धनी यही लिंकन आगे चलकर अमरीका के राष्ट्रीय जीवन में छाया रहा और देश के सर्वोच्च आसन पर जा विराजा, राष्ट्रपति के रूप में।

सच है, संकल्प दृढ़ हो, तो आदमी क्या नहीं कर सकता, सब कुछ कर सकता है।

उसकी सिफारिश करता हूं

लिंकन के राष्ट्रपति काल में उनके पास आने वाली डाक में सैकड़ों ऐसे पत्र होते थे, जिनमें किसी अपराध के लिए क्षमादान की प्रार्थना की गई होती थी, साथ में, किसी सीनेटर या महत्त्वपूर्ण व्यक्ति की सिफारिशी चिट्ठी भी लगी होती थी।

एक दिन एक सैनिक का ऐसा ही पत्र लिंकन को मिला, लेकिन उसके साथ कोई सिफारिश नहीं थी।

लिंकन ने अपने सचिव से पूछा, "क्या इस सैनिक का कोई बड़ा आदमी परिचित नहीं है, जो इसकी सिफारिश कर सके?"

"शायद ऐसा ही हो", सचिव ने कहा।

लिंकन का भावुक हृदय बोल उठा, "तो वह फिर मुझे अपना दोस्त समझे, उसकी सिफारिश मैं करता हूं।"

उक्त सैनिक को क्षमादान मिल गया।

जीत का नुक्ता

तब लिंकन वकालत किया करते थे। उनके सामने एक आदमी अपने मुकदमे के कागजात लेकर आया, जिसमें वह लिंकन को अपना वकील बनाना चाहता था।

सारे कागजात देखने के बाद लिंकन बोले, "हालांकि कानूनी नुक्ते से आपका मुकदमा जीता जा सकता है... ।"

और सारे कागजात उसे वापस करते हुए उन्होंने कहा, "लेकिन सच्चाई के नुक्ते से यह मुकदमा जीतना असंभव है। बेहतर हो, आप मेरे स्थान पर कोई दूसरा वकील कर लें क्योंकि यह मुकदमा हाथ में लेते समय अदालत में भी मेरे मन में यह बात बनी रह सकती है कि मैं झूठ बोल रहा हूं और बहुत संभव है कि मैं यही बात अदालत में ऊंची आवाज में बोल जाऊं और तब पासा एकदम से पलट जाए।"

दुश्मनों का खात्मा

अमरीकी राष्ट्रपति लिंकन अपने विरोधियों के साथ भी बड़ा नरम रुख अपनाते थे, वह उनसे भी विनम्रता से ही पेश आते।

एक दिन उनके किसी नजदीकी मित्र ने उनसे शिकायत की, "आप अपने दुश्मनों तक से दोस्तों की तरह पेश आते हैं, जबकि आपको उन्हें खत्म कर देना चाहिए।"

लिंकन सहज मधुरता भरी आवाज में बोले, "क्या मैं उन्हें अपना दोस्त बनाकर दुश्मनों को खत्म नहीं कर सकता?"

❑❑

पट्टाभि सीतारामैया

जीत हिंदी की

प्रसिद्ध गांधीवादी नेता और कांग्रेस के भूतपूर्व अध्यक्ष डॉ. पट्टाभि सीतारामैया अपने सभी पत्रों पर हिंदी में ही पता लिखते थे। इस वजह से दक्षिण के डाकखाने वालों को बड़ी असुविधा होती थी। उन सबने उनको कहला भेजा कि आप अंग्रेजी में पते लिखा करें, ताकि डाक बांटने में आसानी हो।

डॉ. सीतारामैया ने उनसे कहा, ''भारत की राष्ट्रभाषा हिंदी है, अत: मैं अपने पत्र-व्यवहार में उसी का प्रयोग करूंगा।''

पोस्ट ऑफिस वालों ने उन्हें धमकी दी, ''यदि आप अपनी हरकतों से बाज नहीं आये तो हम आपके सारे पत्र 'डेड लेटर ऑफिस' को भेज देंगे।''

डॉ. सीतारामैया पर इस धमकी का कोई असर नहीं हुआ। दोनों के बीच अर्से तक शीतयुद्ध जारी रहा। अंत में डाकखाने वाले झुक ही गए और उन्हें मछलीपट्टणम् के डाकघर में हिंदी जानने वाले की नियुक्ति करनी ही पड़ी।

इस तरह हुई दक्षिण में हिंदी की जीत।

फ्रैंकलिन डी. रूजवेल्ट

सौहार्दपूर्ण

अमरीकी राष्ट्रपति रूजवेल्ट की आदत थी कि जब भी उनका निजी सचिव कोई पत्र टाइप करके उनके हस्ताक्षर के लिए उनके पास लाता तो वह कहीं-कहीं कुछ संशोधन अवश्य कर देते या पत्र के अंत में कुछ लिख देते।

अपनी आदत के मुताबिक इस बार संयुक्त राज्य अमरीका के राष्ट्रपति ने पत्र में जो कुछ जोड़ा था, उनके सचिव ने उसे फिर से नये सिरे से टाइप कर दिया और उसे लेकर गया उनके हस्ताक्षर कराने। उसे यह देखकर बड़ी हैरानी हुई कि राष्ट्रपति ने पत्र में फिर कुछ नये शब्द और जोड़ दिये हैं। उससे रहा नहीं गया और उसने पूछ ही लिया, ''आपको जो लिखना हो, डिक्टेशन देते समय ही क्यों नहीं लिखवा देते? हाथ से लिखे जाने पर पत्र कुछ भद्दा नहीं लगता क्या?''

राष्ट्रपति रूजवेल्ट ने जवाब दिया, ''मित्र, यह तुम्हारी भूल है, मेरे हाथ से लिख देने से पत्र की शोभा और बढ़ जाती है।

''मेरे कुछ-न-कुछ हाथ से लिख देने से पत्र पाने वाला व्यक्ति इसे मात्र औपचारिक पत्र नहीं समझता है, बल्कि उसके दिल में यह बात समा जाती है कि राष्ट्रपति ने ये शब्द सस्नेह उसी के लिए खासतौर से लिखे हैं। मेरे लिख देने से पत्र रसमी नहीं रह जाता, सौहार्दपूर्ण हो जाता है।''

सचिव रूजवेल्ट को निहारता रह गया।

विंस्टन चर्चिल

क्षमा बड़न को चाहिए

उस वक्त (1915) चर्चिल ब्रिटेन के नौसेना मंत्री थे। नौसेना अध्यक्ष एडमिरल लॉर्ड फिशर से उनकी कभी बनी नहीं, और आखिर चर्चिल को अपना पद छोड़ना पड़ा। अरसे बाद बातचीत के दौरान उनके किसी मित्र ने उक्त त्रासद प्रसंग की चर्चा छेड़ दी और फिशर की निंदा की। चर्चिल ने मित्र की बात सुनने के बाद स्पष्ट शब्दों में कहा, ''यदि मुझे फिर से वही पद मिल जाए तो मैं फिशर को बुला कर उन्हें फिर से वही काम सौंप दूं। एक कुशल प्रबंधक के रूप में आज भी मेरे दिल में फिशर के लिए इज्जत बरकरार है और उतनी ही मात्रा में।''

आगे चलकर फिशर की जीवनी प्रकाशित हुई, जिसमें उसने चर्चिल की कठोर आलोचना की थी। पुस्तक में कई बातें बेढंगी और कटु थीं, फिर भी उन्होंने उसकी निंदा में एक शब्द भी नहीं कहा। बल्कि उसकी प्रशंसा में एक लंबा आलेख तैयार किया और उसे प्रकाशित होने के लिए एक पत्रिका को भेज दिया।

दुष्ट व्यक्ति की निंदा करके अपनी महत्ता ही कम होती है और चर्चिल ऐसा नहीं करना चाहते थे।

तमाशा

चर्चिल को किसी सभा में व्याख्यान देना था। जमा हुई खासी भीड़ की ओर इशारा करते हुए उनके किसी प्रशंसक ने कहा, ''आप इतने 'पॉपुलर' हैं मिस्टर चर्चिल कि आपको सुनने के लिए पांच हजार लोगों की भीड़ यहां एकत्र है।'' तटस्थ भाव से चर्चिल ने कहा, ''मेरे मित्र, ये मेरा भाषण सुनने नहीं आये हैं अपितु तमाशा देखने आये हैं। यदि कल मुझे इसी जगह फांसी देने की घोषणा कर दी जाए तो आपको यहां पचास हजार की भीड़ देखकर कोई हैरानगी नहीं होनी चाहिए।''

❑❑

टामस जैफरसन

जगह

अमरीका के तृतीय राष्ट्रपति टामस जैफरसन एक बार किसी बड़े से होटल में गये और ठहरने के लिए कमरा मांगने लगे। जैफरसन उस समय किसानों जैसी साधारण वेशभूषा में थे। होटल मालिक ने उन्हें साधारण आदमी समझकर जगह देने से इनकार कर दिया। वे चुपचाप चले गए।

होटल मालिक तो उन्हें नहीं पहचान सका था, पर होटल में उपस्थित एक आदमी ने उन्हें पहचान लिया था और उसी ने होटल मालिक को बताया कि 'यह तो अमरीकी राष्ट्रपति टामस जैफरसन थे।'

तुरंत होटल मालिक ने पीछे-पीछे अपने नौकरों को दौड़ाया—वे अभी थोड़ी ही दूर गये थे। नौकरों ने भूल के लिए अपने मालिक की ओर से उनसे माफी मांगी और होटल चलने के लिए अनुनय-विनय करने लगे।

लेकिन जैफरसन ने उनको मना करते हुए कहा, ''जाकर अपने मालिक से कह देना कि अगर तुम्हारे होटल में एक अमरीकी किसान के लिए जगह नहीं है, तो भला अमरीकी राष्ट्रपति उसमें कैसे ठहर सकता है?''

इतना कहकर वे किसी दूसरे होटल में ठहरने के लिए चले गये।

❑❑

कॉल्विन कूलिज

मितभाषिता

कूलिज अपनी निजी जिंदगी में एक बहुत ही अंतर्मुखी व्यक्ति थे। वे अत्यंत मितभाषी थे। उनकी इस आदत से उनकी पत्नी तक को चिढ़ थी।

एक बार पति-पत्नी दोनों गिरजाघर गये। लौटते समय उनकी पत्नी ने उनका मौन तोड़ने के लिहाज से पूछा, "आज की प्रार्थना में आपने पादरी का प्रवचन सुना?"

"हां", कूलिज का संक्षिप्त-सा जवाब था।

मगर उनकी पत्नी पर कोई अच्छी प्रतिक्रिया न हुई। सो उन्होंने बात आगे बढ़ायी, "क्या आप बताइएगा कि प्रवचन का मूल प्रसंग क्या था?"

इस बार उनकी पत्नी को आशा थी कि कूलिज उन्हें संतोषजनक उत्तर देंगे। मगर इस बार भी उन्हें निराशा हुई। कूलिज का जवाब बेहद संक्षिप्त था, "पाप।"

"यह ठीक है, पर आप जरा विस्तार से बताइए कि वह इस बारे में क्या कह रहे थे?" पत्नी ने अपनी कोशिश जारी रखी।

कूलिज ने उन्हें फिर निराश किया और शांत स्वर में बोले, "वह इसके (पाप) विरोध में बोल रहे थे।"

❑❑

जॉर्ज वाशिंगटन

संशोधन

वर्जीनिया में जन्मे जॉर्ज वाशिंगटन अमरीका के पहले राष्ट्रपति थे। एक किसान के साधारण से घर में जन्मे जॉर्ज में बहुमुखी प्रतिभा थी। अपनी असाधारण प्रतिभा तथा कभी न टूटने वाली इच्छाशक्ति तथा नेतृत्व क्षमता के बल पर ही जॉर्ज ने थके-हारे तथा भूखे सैनिकों का सफलतापूर्वक नेतृत्व करते हुए अमरीकी सेना को विजय दिलायी थी। जंग के बाद अमरीका का प्रजातंत्रीय विधान तैयार करने के उद्देश्य से एक कमेटी बनायी गयी तथा उसका अध्यक्ष जॉर्ज वाशिंगटन को चुना गया। अमरीका की विजय जॉर्ज के सफल नेतृत्व का ही परिणाम थी।

संविधान प्रसभा की एक मीटिंग के दौरान एक सभासद ने सैन्य संबंधी धाराओं के बारे में एक संशोधन प्रस्ताव रखा, ''अमरीका के पास स्थायी सैनिकों की संख्या 5 हजार से अधिक न रखी जाए।''

यह प्रस्ताव वाशिंगटन को कुछ जंचा नहीं, लेकिन अध्यक्ष होने के नाते वह इसका विरोध कैसे करते? अत: उन्होंने अपने बगल में बैठे एक अन्य सभासद के कान में धीरे से कहा, ''आप अपनी ओर से इस संशोधन में एक वाक्य और जोड़ दीजिए कि भविष्य में कोई भी मुल्क एक साथ 3 हजार से ज्यादा फौज लेकर अमरीका पर हमला न करे।''

❏❏

मार्टिन लूथर किंग

सौजन्यता

अमरीका के अश्वेत आंदोलन के प्रमुख नेता मार्टिनलूथर किंग एक बार किसी सार्वजनिक सभा में भाषण दे रहे थे। किसी प्रतिक्रियावादी श्रोता ने उन पर जूता दे मारा। जूता किंग के पास पहुंचा ही था कि सभा में खलबली मच गयी। सभा के आयोजकों के चेहरों पर हवाइयां उड़ने लगीं, मगर किंग अविचलित से खड़े रहे।

उन्होंने जूते को बड़े प्यार से उठाया और बड़े ही प्यार से बोले, ''धन्य है वह देश, जिसके वासी अपने खिदमतगारों का इतना खयाल रखते हैं। पैदल चलने वाले मुझ तुच्छ सेवक के प्रति किन्हीं कृपालु सज्जन ने सचमुच बड़ी उदारता का परिचय दिया है, किंतु खेद है कि यह जूता सिर्फ एक पांव का है।''

थोड़ा रुककर वे फिर बोले, ''कृपालु सज्जन से मेरा विनम्र आग्रह है कि वह दूसरा जूता भी मुझे देने की कृपा करें। ऐसा करके सचमुच वह मुझे उपकृत करेंगे।''

लूथर किंग के मुंह से ऐसी बात सुनकर सभी स्तब्ध रह गये। थोड़ी ही देर बाद मार्टिन लूथर किंग के जयजयकार से आसमान गूंज उठा। लूथर किंग के मुख पर चिर-परिचित, सहज मुस्कान उभर आयी।

❑❑

स्टालिन

जासूसी की जांच

लेनिन की मृत्यु के बाद स्टालिन ने अपने-आपको एक तानाशाह के रूप में स्थापित कर लिया। स्टालिन ने एक बार अपने जासूसों की जांच करनी चाही। सो उसने गुप्त रूप से कुछ पर्चे छपवाये और शहर में इधर-उधर फिंकवा दिये। पर्चों में स्टालिन के बारे में अनर्गल बातें छपीं थीं, मसलन—स्टालिन अन्यायी है, क्रूर है, झूठा है, स्वार्थी है आदि-आदि।

दूसरे दिन वे पर्चे चुनकर उनके सामने पेश कर दिये गये।

स्टालिन ने जासूसों के प्रमुख को बुलाकर अनजान बनते हुए पूछा, ''तुम्हारी नजर में कौन ऐसा कर सकता है?''

''हुजूर आपके सिवा यह काम और कौन कर सकता है? भला आपके बारे में आपसे अधिक और कौन जानता है?'' जासूसों के मुखिया ने बड़े सहज भाव से जवाब दिया।

स्टालिन अपने अधिकारी का मुंह देखता रह गया।

❐❐

मजाज

अमल

उर्दू के मशहूर शायर मजाज ने अपने आखिरी दिनों में शायरी करनी एकदम से बंद कर दी थी। अक्सर लोग इस बारे में उनसे पूछते रहते।

उनके किसी खास दोस्त ने जब उनसे यही सवाल किया कि आप आजकल नई चीजें क्यों नहीं लिख रहे हैं तो मजाज ने उत्तर दिया—''अब तक जो कुछ लिखा है, उस पर ही कौन-सा अमल हो रहा है, जो और लिखा जाए?''

❐❐

गालिब

सौदाई

महाकवि गालिब अपने दोस्तों के बीच बैठे हुए थे। शेरो-शायरी पर बातें चल रही थीं। गालिब ने मीर तकी मीर के कलाम की तारीफ की। महफिल में जौक भी थे। उन्होंने मीर तकी के मुकाबले में सौदा को श्रेष्ठतर ठहराया।

इस पर मिर्जा गालिब ने परिहास करते हुए कहा, "हजरत, मैं तो अब तक आपको 'मीरी' (मीर का प्रशंसक) समझता था, लेकिन आज यह मालूम हुआ कि आप 'सौदाई' (सौदा के प्रशंसक) हैं।" सौदाई का एक मतलब 'पागल' भी होता है।

इस जुमले में किये गये इशारे को जब लोगों ने समझा, तो हंसी दबाये न दबी।

❑❑

आस्कर वाइल्ड

सफलता के चिह्न

आस्कर वाइल्ड जब न्यूयार्क की यात्रा से वापस आये तो किसी मुलाकाती ने उनसे पूछा, "मैं समझता हूं कि आपकी यह यात्रा सफल रही होगी। कैसी रही आपकी यात्रा?"

आस्कर वाइल्ड संजीदगी से बोले, "हां, खूब सफल रही। मेरे दो भाई मेरे सचिव थे। एक पत्रों का जवाब देता और दूसरा बालों के गुच्छे मेरे प्रशंसकों को भेजता, मगर दोनों को मजबूरन चले जाना पड़ा। उनमें से एक अस्पताल में है और दूसरे के सिर के बाल साफ हो चुके हैं। ये सब सफलता के ही तो चरण चिह्न हैं।"

❑❑

मोहम्मद अली जिन्ना

कांटों के बीच गुलाब

किसी मौके पर लॉर्ड और लेडी माउंटबेटन का साथ-साथ जिन्ना के पास जाना तय हुआ।

जिन्ना ने सोच रखा था, इस मौके पर बतौर यादगार एक फोटो हो जाए तो अच्छा रहेगा। उन्होंने सोचा था कि बीच में बैठेंगी लेडी माउंटबेटन और उनके अगल-बगल बैठेंगे जिन्ना और लार्ड माउंटबेटन और फोटो के तुरंत बाद वह ''ए रोज बिट्वीन थार्न्स'' (कांटों के बीच गुलाब) कहकर मौके को खुशगवार बना देंगे।

मगर एन मौके पर यह हुआ कि जिन्ना के बैठते ही उनके अगल-बगल माउंटबेटन दंपती बैठे। जिन्ना ने वह जुमला मन में बहुत बार दोहराया था, सो उन्हें यह ध्यान न रहा कि अब वह जुमला फिट नहीं बैठता, बल्कि बहुत कटु भी हो जाएगा। लेकिन फिर भी उनके मुंह से निकल ही गया—''ए रोज बिटवीन थार्न्स।'' कहना न होगा कि इस जुमले को सुनकर माउंटबेटन दंपती उनको कैसे हैरानी से देखते रह गये होंगे।

जिन्ना ने असावधानीवश उन दोनों को कांटा और अपने को गुलाब कह दिया था। जब उन्हें अपनी गलती का अहसास हुआ तो उन्होंने खेद प्रकट किया। और माउंटबेटन दंपती को जब असली बात का पता चला तो वे बड़ी देर तक इसका आनंद लेते रहे।

कैसे चले आये

सन 1921 की बात है। एक सरकारी भोज में जिन्ना की पत्नी श्रीमती रतनबाई जिन्ना वाइसराय लार्ड रीडिंग के पास बैठी थीं। रीडिंग ने बातचीत के दौरान अपनी एक तात्कालिक परेशानी बतायी, ''पिछले विश्वयुद्ध के कारण ऐसा तनाव उत्पन्न हो गया है कि मेरा जर्मनी जाना ही कठिन प्रतीत होता है।''

"लेकिन ऐसा क्यों? इसमें कौन सी असुविधा आपको हो रही है?" श्रीमती जिन्ना ने सहानुभूति से पूछा।

रीडिंग ने अपनी परेशानी बतायी, "बात दरअसल यह है कि जर्मन लोग हम अंग्रेजों को पसंद नहीं करते, इसलिए मैं जर्मनी नहीं जा सकता।"

अब तो श्रीमती जिन्ना की भौंहें तन गयीं। घृणा प्रदर्शित करती हुई वे बोलीं, "तब आप अंग्रेज लोग भारत कैसे चले आये? हम लोग ही कौन सा आपको पसंद करते हैं!"

सच छिपाये नहीं छिपता, उजागर हो गया।

❑❑

हजारी प्रसाद द्विवेदी

शाप

उन दिनों आचार्य हजारीप्रसाद द्विवेदी काशी हिंदू विश्वविद्यालय में रेक्टर के पद पर थे। एक दिन विद्यार्थियों ने अपनी किसी मांग को लेकर उन्हें घेर लिया और अपनी बात मनवाने के लिए जिद करने लगे। कुछ छात्रों ने शोरगुल भी करना शुरू कर दिया।

द्विवेदी जी ने सबको शांत करते हुए अपना संक्षिप्त-सा वक्तव्य दिया और अंत में कहा, "तुम सबने बिना किसी वजह के मेरी अवमानना की है। अतः मैं तुम्हें शाप देता हूं कि तुममें से हर कोई इस जन्म में अथवा अगले जन्म में किसी-न-किसी विश्वविद्यालय का वाइस चान्सलर जरूर बने।"

यह सुनते ही सभी छात्र हंस पड़े और देखते-ही-देखते तनाव खत्म हो गया। छात्रों ने अपनी गलती मानी और आचार्य प्रवर ने क्षमादान करके सबको खुशी-खुशी विदा किया।

❑❑

महावीरप्रसाद द्विवेदी

स्मृति-मंदिर

आचार्य द्विवेदी की पत्नी यद्यपि न बहुत विदुषी थीं और न ही रूपसी, पर वे उनकी आदर्श सहधर्मिणी जरूर थीं। इसी नाते वह उन्हें बहुत स्नेह करते थे।

वे गांव में ही रहती थीं। उन्होंने दौलतपुर (रायबरेली) में परिवार द्वारा स्थापित हनुमान की मूर्ति के लिए एक चबूतरा बनवा दिया और जब द्विवेदीजी दौलतपुर आये तो प्रहसन किया, ''लो, मैंने तुम्हारा चबूतरा बनवा दिया है।'' रिवाज के मुताबिक पत्नियां पति का नाम नहीं लेती थीं, सो उन्होंने 'महावीर' नाम न लेते हुए ऐसा कहा था।

द्विवेदीजी बोले, ''तुमने मेरा चबूतरा बनवा दिया है तो मैं तुम्हारा मंदिर बनवा दूंगा।''

और वाकई सन् 1912 में पत्नी के गंगा में डूब जाने के बाद उन्होंने उनका 'स्मृति-मंदिर' बनवा दिया। उन्होंने अपने घर के आंगन में स्थित मंदिर में लक्ष्मी और सरस्वती के बीच अपनी पत्नी की संगमरमर की मूर्ति स्थापित की।

जब मूर्ति की स्थापना हो रही थी तो गांव वालों ने विरोध भी किया। उन्हें लानतें भेजीं, जली-कटी सुनायीं, ''कहीं मानवी मूर्ति की स्थापना भी मंदिर में की जाती है? दुबौना कलयुगी है, कलियुगी सही मा सठियाय गया है'', आदि-आदि।

मगर वह तनिक भी विचलित नहीं हुए। आज भी आचार्य द्विवेदीजी द्वारा बनवाया हुआ 'स्मृति-मंदिर' उनके गांव में विद्यमान है।

है न एक पत्नीव्रत की अनूठी मिसाल?

❒❒

अकबर इलाहाबादी

आंखों पे पट्टी बांध के

वृद्धावस्था में अकबर इलाहाबादी की आंखों की रोशनी कुछ कमजोर हो गयी तो उन्हें ऑपरेशन करवाना पड़ गया। ऑपरेशन के बाद डॉक्टर ने आंखों पर पट्टी बांधी और अपनी फीस लेकर चलता बना।

थोड़ी देर बाद उनके साहबजादे हशरत हुसैन कमरे में दाखिल हुए और अपने वालिद का हाल-चाल पूछा। ऐसे मौके पर भी अकबर इलाहाबादी परिहास करने से न चूके। उन्होंने उत्तर देते हुए अपने साहबजादे को यह शेर सुनाया—

रोशनी आये तो हम देखें कहीं अपना हिसाब,
वो तो दो सौ ले गये आंखों पे पट्टी बांध के।

शौहर के सिवा

बात सन् 1911 की है। इलाहाबाद में प्रदर्शनी लगायी गयी थी। देश के कोने-कोने से लोग उसे देखने आये थे। मशहूर गायिका और नर्तकी गौहर जान भी कलकत्ता से आयी हुई थी।

गौहर जान ने श्रोताओं से भरे हुए खचाखच हाल में अकबर की एक गजल बड़े ही अनूठे अंदाज में सुनायी। श्रोता मंत्रमुग्ध हो उठे।

अकबर साहब के एक दोस्त ने गौहर जान की गायकी की अदा पर अकबर की प्रतिक्रिया पूछी, तो अकबर ने निराले ढंग का यह शेर कह सुनाया—

खुशनसीब आज कौन यहां है गौहर के सिवा
सब कुछ अल्लाह ने दे रखा है शौहर के सिवा।

❑❑

मुंशी प्रेमचंद

मनहूसियत से दूर

एक बार उपन्यास सम्राट मुंशी प्रेमचंद को इलाहाबाद विश्वविद्यालय के हिंदी विभाग द्वारा आयोजित एक सभा में बुलाया गया। व्याख्यान के उपरांत जलपान के दौरान एक छात्र ने उनसे पूछा, ''आपके जीवन की सबसे बड़ी अभिलाषा क्या है?''

''मेरे जीवन की सबसे बड़ी अभिलाषा यही है कि ईश्वर मुझे सदा मनहूसों से बचाये रखे'', मुंशी जी का सटीक उत्तर था।

चोंचले

बहुत से लेखकों के बारे में मशहूर है कि वे ऐसे कागज पर लिखते हैं, फलां मूड में लिखते हैं, फलां किस्म की कलम से लिखते हैं। मगर उपन्यास सम्राट मुंशी प्रेमचंद इस दिखावटी तामझाम से सर्वथा दूर थे। एक बार किसी ने उनसे पूछा, ''मुंशीजी, आप कैसे कागज पर और कैसे पैन से लिखते हैं?''

मुंशीजी ने यह प्रश्न सुनकर पहले तो जोरदार ठहाका लगाया। फिर बोले, ''ऐसे कागज पर जनाब, जिस पर पहले से कुछ न लिखा हो यानी कोरा हो और ऐसे पैन से, जिसका निब न टूटा हो।''

फिर थोड़ी गंभीरता से बोले, ''भाई जान! ये सब 'चोंचले' हम जैसे कलम के मजदूरों के लिए नहीं हैं।''

उस जमाने में ''जी निब'' चला करती थी। होल्डर में लगाकर वह उसी से लिखते थे। बीच-बीच में उसी से अपना दांत भी खोदते जाते। जब वे लिखने बैठते तो उनके होंठ स्याही से रंग उठते थे।

❑❑

महादेवी वर्मा

कमजोर मनोबल

महादेवी जी तब प्रीवियस में पढ़ती थी। अचानक मन में भिक्षुणी बनने का विचार आया। उन्होंने लंका के बौद्ध विहार में महास्थविर को पत्र लिखा —

मैं भिक्षुणी बनना चाहती हूं। दीक्षा के लिए लंका आऊं या आप भारत आएंगे?

वहां से उत्तर मिला—

'हम भारत आ रहे हैं, नैनीताल में ठहरेंगे, तुम वहां आकर मिल लेना।'

महादेवी जी ने अपनी सब संपत्ति दान कर दी। नैनीताल पहुंचीं। सिंहासन पर गुरुजी बैठे थे। उन्होंने चेहरे को पंखे से ढक रखा था। उन्हें देखने को महादेवी जी दूसरी ओर बढ़ीं, उन्होंने मुंह फेरकर फिर से चेहरा ढक लिया। वे देखने की कोशिश करतीं और महास्थविर चेहरा ढक लेते। कई बार यही हुआ। जब सचिव महोदय महादेवी जी को वापस पहुंचाने बाहर तक आये, तब उन्होंने उनसे पूछा, "महास्थविर मुख पर पंखा क्यों रखते हैं?" सचिव ने उत्तर दिया, "वे स्त्री का मुख दर्शन नहीं करते।"

उत्तर सुनते ही महादेवी जी ने भी साफ-साफ कह दिया, "देखिए, इतने दुर्बल व्यक्ति को हम गुरु नहीं बनाएंगे। आत्मा न तो स्त्री है, न पुरुष, केवल मिट्टी के शरीर को इतना महत्व कि यह देखेंगे, वह नहीं देखेंगे।"

और महादेवी आ गयीं। बाद में, उनके कई पत्र आये। बार-बार पूछते 'आप कब दीक्षा लेंगी?' महादेवी जी ने आखिर उन्हें जवाब दे ही दिया—'अब क्या दीक्षा लेंगे! इतने कमजोर मनोबल वाला हमें क्या देगा?'

इस तरह महादेवीजी बौद्ध भिक्षुणी बनते-बनते रह गईं और उनके रूप में हिंदी जगत को मिला छायावाद का एक महान स्तंभ।

रामचन्द्र शुक्ल

तुम हार गए

आचार्य रामचन्द्र शुक्ल के बारे में प्रसिद्ध है कि वे बहुत कम बोलते थे। इसी बात को लेकर उनके दो शिष्यों में होड़ लग गयी। उनके एक मुंहलगे शिष्य ने शर्त लगाई कि मैं आचार्य के मुख से एक बार में कम-से-कम पांच शब्द अवश्य कहलवा दूंगा।

अत: बेधड़क बनने का प्रयास करते हुए उसने आचार्य से कहा, ''गुरुदेव मैंने अपने मित्र से शर्त लगायी है कि एक बार में आपसे कम-से-कम पांच शब्द अवश्य कहलवा दूंगा।''

मंद-मंद मुस्कान बिखेरते हुए आचार्य शुक्ल बोले, ''तुम हार गए।''

स्वाभिमान की रक्षा

हिंदी साहित्य के प्रथम इतिहासकार आचार्य रामचन्द्र शुक्ल उन दिनों बनारस में रहते थे। नागरी प्रचारिणी सभा में हिंदी विश्वकोश का काम देखा करते थे और उन्हें वेतन मिलता था—पचीस रुपये मासिक।

शुक्लजी के एक बड़े ही प्रभावशाली मित्र थे, जिनकी पहुंच राजा-महाराजाओं तक थी। सो उन्होंने शुक्लजी को अलवर के महाराजा के यहां काम पर लगवा दिया। वेतन तय हुआ चौदह सौ रुपये मासिक। उस जमाने का चौदह सौ आज के चौदह हजार से भी कहीं ज्यादा था। वेतन ही के अनुरूप राजसी ठाठ-बाठ भी। रहने के लिए शानदार कोठी मिली और सवारी के लिए घोड़ा-गाड़ी भी।

अलवर पहुंचे हुए तीन दिन ही हुए थे कि आचार्य शुक्ल ऊब-से गये। उन्होंने देखा कि सभी राजकर्मचारी राजा साहब की जी-हजूरी और चाटुकारिता में ही लगे रहते हैं। वहां बने रहने के लिए यह सब जरूरी भी था, जो शुक्लजी के बस का नहीं था।

फिर क्या था, चौथे दिन बिना किसी को बताये वह अलवर से सीधे चले आये बनारस और फिर से पचीस रुपये मासिक की नौकरी करने लगे। हां, उन्होंने अपने प्रभावशाली मित्र को अलबत्ता कवितानुमा एक चिट्ठी भेज दी। चिट्ठी कुछ इस तरह थी—

चीथड़े लपेटे चने चाबेंगे चौखट पर,
चाकरी करेंगे नहीं चौपट चमार की।

□□

बंकिमचंद्र चट्टोपाध्याय

तुम्हारे चेहरे की तरह

बंकिमचंद्र जी के दोस्त दीनबंधु मित्र बड़े विनोदी स्वभाव के थे और कभी-कभी उनसे भी विनोद करने से न चूकते थे।

एक बार की बात है। दफ्तर के काम से वह सिल्चर गये हुए थे। उस वक्त वह इंस्पेक्टिंग पोस्ट मास्टर थे। लौटते समय उन्होंने अपने मित्र बंकिमचंद्र चट्टोपाध्याय के लिए एक जोड़ी खूबसूरत जूते खरीद लिये।

कलकत्ता वापस आने पर उन्होंने अपने एक आदमी के हाथों जूते का पैकेट बंकिमचंद्र को भिजवा दिया। साथ में एक चिट लगा दी, जिस पर उन्होंने लिखा था—"कैमन जूतो? (कैसा है जूता?)"

जूते बंकिमचंद्र को पसंद आये। उन्होंने प्रसन्न होकर पहना। लेकिन एक विनोद उन्होंने भी किया।

एक चिट पर कुछ लिखकर उसे लिफाफे में रखकर उसी आदमी के हाथों से दीनबंधु के पास पहुंचा दिया।

जब मित्र ने लिफाफा खोला तो चिट पर लिखा था—"तोमार मुखेर मतो।" (तुम्हारे चेहरे की तरह)।

□□

गिरीशचंद्र घोष

रईस को सबक

बंगला के सुप्रसिद्ध कवि और नाटककार गिरीशचंद्र घोष के एक अच्छे पर रईस दोस्त थे, जो सदा पैसे के दर्प से चूर रहते। घोष महाशय उन्हें सबक सिखाना चाहते थे और एक दिन उन्हें ऐसा अवसर सहज ही मिल गया।

घोष महाशय के यहां भोज का आयोजन था। उन्होंने अपने रईस मित्र को भी बुलाया था। जैसा कि पूर्वानुमान था, वह अपने नौकर के साथ आये और साथ में अपने चांदी के पात्र भी लाये। ऐसा अक्सर ही होता था। क्योंकि वे जहां कहीं भी जाते, उनके साथ उनका नौकर चांदी के बर्तन भी लेकर चलता। वह अपने चांदी के पात्रों में भोजन करते।

घोष जी ने उन्हें सबके बीच तो नहीं बैठाया, पर अलग बिठाकर पत्तलों में खाना परोसवाया। उनके लिए यह स्थिति अकल्पनीय थी और लज्जा की बात भी, पर दोस्ती के नाते कुछ कह नहीं सके। मन मारकर खाना खाया।

जब वे चलने लगे तो गिरीश बाबू का रसोइया उन चांदी के पात्रों में भोज्य पदार्थ भरकर ले आया। गिरीश बाबू ने अपने धनी मित्र से कहा, ''आपकी आवभगत में कोई त्रुटि हुई हो, तो क्षमा कीजिएगा। आपका नौकर चांदी के बर्तन लाया, तो भीतर लोगों ने सोचा कि घर के बच्चों के लिए भोजन ले जाने के लिए ये पात्र लाये गये हैं इसलिए कुछ दिया है, कृपया हमारी ओर से बच्चों को दे दीजिएगा। और आपके साथ तो हमारी आत्मीयता है ही।''

रईस सज्जन मारे शर्म के पानी-पानी हो गये। आगे से वे जहां कहीं भी जाते, भूलकर भी अपने पात्र साथ न ले जाते।

मैथिलीशरण गुप्त

दद्दा का दरबार

इलाहाबाद में रहने के नाते ऐसा तो हो ही नहीं सकता। कोई भी साहित्यिक अभिरुचि का व्यक्ति महादेवीजी से अपरिचित हो। मैंने सभाओं में उनके दर्शन तो किये थे पर कभी ऐसा संयोग नहीं हुआ कि व्यक्तिगत तौर से उनसे भेंट करूं।

एक बार मेरे मित्र और 'पराग' पत्रिका के संपादक डॉ. हरिकृष्ण देवसरे दिल्ली से इलाहाबाद आये। मेरे यहां आकर उन्होंने बताया कि 'पराग' के लिए महादेवीजी का साक्षात्कार लेना है। तुम भी मेरे साथ चलो, अच्छा रहेगा।

मैं तैयार हो गया। वहां बच्चों ने तरह-तरह के सवाल पूछे। बाद में वह हम लोगों से तरह-तरह की बातचीत करने लगीं, साहित्य की, समाज की, राजनीति की।

बातों का रुख जवाहरलाल जी की ओर मुड़ गया। उन्होंने अपने 'जवाहर भाई' के कई संस्मरण सुनाए। एक संस्मरण आप भी सुनिए:—

वह दिल्ली जातीं पर नेहरूजी से कम मिल पातीं। सरकारी ताम-झाम की वजह से वह कतरातीं। एक बार नेहरूजी ने उन्हें फोन करके शिकायत की कि तुम आती हो, तो बिना मिले चली जाती हो। मिला करो।

महादेवीजी बोलीं, "आपके दरबार में हम साहित्यकारों की पूछ कहां?"

नेहरूजी ने कहा, "नहीं, ऐसा कुछ नहीं है, आओ तो सही। मैं सहेज देता हूं, तुम्हें आने में कोई परेशानी नहीं होगी।"

और फिर हंसते हुए बोले, "खूब दरबार कहा तुमने! अरे हमारा क्या दरबार? दरबार तो तुम्हारे दद्दा जी (मैथिलीशरण जी गुप्त) का लगता है। उनके दरबार के आगे हमारा दरबार कहां?"

यह सच है कि मैथिलीशरण जी के दरबार में साहित्यकारों, पत्रकारों और राजनयिकों की भीड़ लगी रहती थी। राज्यसभा के सदस्य हो जाने पर वह जब दिल्ली में ठहरने लगे तो वहां खासा जमघट होता और वह दृश्य देखते ही बनता। दद्दा को बासी पूड़ी खाने का शौक था। वह अपने घर (चिरगांव, झांसी) से पूड़ियां मंगवाते और अपने आत्मीयजनों को जरूर खिलाते।

उस दरबार में एक-दूसरे की निंदा भी खूब की जाती। पूछने पर दद्दा ठठाकर हंसते और कहते—"भई, दुनिया में 'परनिंदारस' से बढ़कर कोई रस नहीं है।" ऐसा निराला ठाठ था दद्दा के दरबार का।

□□

सुकुमार चटर्जी

नाम-कथा

बंगला के यशस्वी कथाकार सुकुमार चटर्जी ने एक बार प्रसिद्ध हिंदी कवि वीरेंद्र मिश्र को छेड़ते हुए कहा, "पहले जो वेदपाठी ब्राह्मण थे, उन्हें 'वेदी' कहा गया, जैसे कि द्विवेदी, त्रिवेदी, चतुर्वेदी आदि। जो पढ़ाने का काम करते थे, वे उपाध्याय कहलाये और जो न ठीक से पढ़ पाते थे और न ही पढ़ा पाते थे, वे 'मिश्र' कहलाये यानी ये मिला-जुलाकर काम चलाते थे।"

वीरेंद्र मिश्र भी कहां चूकने वाले थे। उन्होंने चटर्जी महाशय को इस प्रकार जवाब दिया, "पहले ब्राह्मण अपने इष्टदेव को पत्रिका या अर्जी लिखते थे, जैसे तुलसीदास ने 'विनय पत्रिका' लिखी। इस तरह अर्जी लिखने वाले लोग 'बनर्जी' कहलाये। जो लिखकर नहीं देते थे, केवल मुख से कह देते थे, वे 'मुखर्जी' कहलाते थे। और जो चट से कह देते थे, वे 'चटर्जी' कहे जाने लगे।"

फिर तो सभा में उपस्थित मित्रों ने वाद-प्रतिवाद का अच्छा आनंद लिया।

□□

रवींद्रनाथ टैगोर

दंड

रवींद्रनाथ टैगोर अध्यापकों की एक सभा में गये हुए थे। साहित्य चर्चा के बाद हास-परिहास का वातावरण उपस्थित करने के उद्देश्य से रवींद्र ने एक व्यक्ति को संबोधित करते हुए कहा, ''नेपाल बाबू, आजकल आप चीजें भूल जाते हैं, सो आपको दंड देना होगा।''

नेपाल बाबू तो घबराए ही, अन्य उपस्थित भी माजरा न समझ सके। तभी रवींद्र ने नेपाल बाबू की ओर एक डंडा बढ़ाते हुए कहा, ''कल इसे आप हमारे घर भूल आए थे। सो लीजिए अपना दंड।''

पादुका पुराण

रवींद्र के घर पर उन्हें घेरे हुए कई लोग बैठे थे। तभी शरद बाबू (शरतचंद्र चट्टोपाध्याय) का आगमन हुआ। वह भी आकर लोगों के मध्य बैठ गये। शरत बाबू के हाथ में कागज में लिपटी हुई चीज को देखकर एक व्यक्ति ने पूछा, ''शरत बाबू, यह क्या छिपाये हुए हैं?''

शरत बाबू उनकी जिज्ञासा शांत करने में झिझक रहे थे। रवींद्र ने खुलासा किया, ''यह 'पादुका पुराण' है। क्यों शरत?'' शरद ने हां में सिर हिलाया। फिर भी लोग 'पादुका पुराण' का रहस्य न समझ सके। अंत में गुरुदेव ने ही बताया कि कागज में लिपटे हुए शरत बाबू के जूते हैं।

सहपाठी

शांति निकेतन के प्रांगण में एक दिन कहीं से घूमता-घामता एक गधा आ गया। विद्यार्थी हुल्लड़ मचाने लगे।

शोर सुनकर गुरुदेव बाहर आये। हुल्लड़ का कारण भांपते उन्हें तनिक देर न लगी। फिर छात्रों की ओर मुखातिब होकर वह जोर से बोले, ''अरे भाई, यह किसका सहपाठी है? जिसका हो वह अपने साथ ले जाए।''

सभी छात्र तुरंत अपनी कक्षाओं में चले गये। ❑❑

सूर्यकांत त्रिपाठी 'निराला'

कष्ट

हिंदी के मूर्धन्य कवि सूर्यकांत त्रिपाठी 'निराला' को साहित्य जगत का सिरमौर बनाने में अकेले कलकत्ता के सेठ महादेव प्रसाद 'मतवाला' का जो योग है, उसे भुलाया नहीं जा सकता।

सेठजी निराला को प्राणपण से मानते थे। उन्होंने एक बार निराला के लिए बड़ी सुंदर और शानदार दुलाई बनवाई और उसे निराला को सप्रेम भेंट किया।

निरालाजी ने उसे पहना और प्रसन्न होते हुए सेठजी की प्रशंसा की। एक दिन वे 'मतवाला' के दफ्तर आ रहे थे। रास्ते में एक भिखमंगा सामने पड़ गया जिसके तन पर कोई वस्त्र न था। महाप्राण निराला तो साक्षात् करुणा की मूर्ति थे। उनसे यह सहा नहीं गया। उन्होंने झट अपनी दुलाई उतारी और ठंड से कांपते भिखमंगे के शरीर पर डाल दी।

यह सारा नजारा एक प्रेसवर्कर देख रहा था। वह भागा-भागा गया सेठ जी को बुलाने। सेठजी ने सुना तो सड़क तक भिखमंगे के पीछे भागे भी, पर वह तो देखते-ही-देखते छू-मंतर हो गया।

निरालाजी ने सेठ 'मतवाला' को आवाज दी, "आप क्यों परेशान हो रहे हैं। जाने दीजिए, बेचारे का जाड़ा ठीक से कटेगा।"

विवश होकर सेठजी लौट आये। निराला के हठ के आगे किसी की न चलती थी। सेठजी के मुंह से सिर्फ इतना ही निकला, "धन्य हैं, महाराज आप!"

निराला की मां

एक बार निराला अपने एक प्रकाशक से पैसा लेने जीरो रोड (इलाहाबाद) गये। वहां से उन्हें तकरीबन तीन सौ रुपये मिले। उन्होंने रुपये आंटी में बांधे और चल पड़े दारागंज की ओर जहां वे रहते थे।

रास्ते में एक भिखारिन सामने पड़ गयी, ''बेटा, इस भूखी-प्यासी भिखारिन को कुछ दे दो।''

निरालाजी ठिठककर खड़े हो गये और उन्होंने उससे पूछा, ''बताओ तुम्हें कितने पैसे मिल जाएं तो तुम भीख मांगना छोड़ दोगी?''

भिखारिन ने सोचा कि बाबू मजाक कर रहे हैं। सो बोली, ''बेटा, क्यों हंसी करते हो?''

निराला जी गंभीर हो उठे, ''तुमने मुझे बेटा कहा है और निराला की मां भीख नहीं मांग सकती,'' इतना कहकर महाप्राण ने अपनी अंटी खोली और पूरे के पूरे रुपये उसे देकर आगे बढ़ गये। भिखारिन बुढ़िया उन्हें आश्चर्य से देखती रह गयी।

वाल्तेयर

प्रमाण-पत्र

वाल्तेयर जितने सौंदर्यप्रेमी थे, उससे कहीं अधिक जिंदादिल इंसान। हास-परिहास का कोई मौका वे न छोड़ते।

उस समय की बात है, जब वह अपने जीवन की आखिरी घड़ियां गिन रहे थे। धर्मोपदेश के लिए एक पादरी आ उपस्थित हुआ।

इस अवसर पर भी वाल्तेयर परिहास करने से न चूके। उन्होंने पादरी से पूछा, ''आप कहां से आ रहे हैं?''

पादरी ने संजीदगी से कहा, ''प्रभु ईसु के दरबार से।''

वाल्तेयर ने अपना हाथ फैलाकर कहा, ''जरा देखूं तो आपका प्रमाण-पत्र!''

कहना न होगा, पादरी बड़बड़ाता हुआ चला गया।

अमृता प्रीतम

पिता की त्योरी

"आज भी मैं सामने देख सकती हूं—अपने पिता के माथे पर पड़ी हुई एक त्योरी।"

सन् 1936 की बात है, जब मेरी पहली किताब छपी थी। महाराजा कपूरथला ने मेरी उस पुस्तक को बुजुर्गाना प्यार देते हुए दो सौ रुपये मेरे नाम भेजे थे। फिर कुछ ही दिनों के बाद महारानी नाभा (कभी वह मेरे पिताजी की शागिर्द रही थीं) ने उस पुस्तक के लिए प्रशंसा के तौर पर मुझे एक साड़ी भेजी। ये दोनों चीजें डाक से आईं थीं।

फिर एकदिन जब डाकिये ने घर का दरवाजा खटखटाया, तो मेरे मुंह से निकला—"आज फिर कोई इनाम आया है?" यह कहते ही पिताजी के माथे पर जो त्योरी चढ़ी, वह आज तक मुझे याद है।

उस दिन मैं यह नहीं समझ पायी थी कि पिताजी मेरे अंदर किस किस्म की शख्सियत देखना चाहते हैं। तब, बस इतना समझ पायी थी कि ऐसी आशा या लालसा करना गलत है। यह क्यों गलत है और किस प्रकार यह लेखक को छोटा बना देती है, यह बात मैं बहुत बाद में समझ पायी।

शब्दों की गहराई

अमरीकी उपन्यास के अनुवाद में कुछ शब्दों को लेकर आने वाली परेशानी के सिलसिले में अमृता जी ने 'अमरीकी दूतावास' को चिट्ठी लिखी। दूतावास के श्री हरिवंश सिंह ने इन शब्दों के साथ शब्दकोश भेजा —'अमृता जी को इस शब्दकोश के तमाम अच्छे शब्दों के साथ।'

इस पर अमृता जी की प्रतिक्रिया थी—"आश्चर्य! जब शब्दकोश के बुरे-से-बुरे शब्द मेरे लिए इस्तेमाल किये जा रहे हों, तब सभी अच्छे शब्द चुन कर मुझे देने का किसी को खयाल आया।" सच, शब्दों की गहराई को लेखक की आत्मा ही अनुभव कर पाती है।

डॉ. रघुवीर

मौसी प्रगति में बाधक

प्रसिद्ध कोशकार डॉ. रघुवीर ने सदन में हिंदी की महत्ता पर बोलते हुए अंत में कहा, "संस्कृत समस्त भाषाओं की जननी है। हिंदी सरलतम भाषा है। हमें इसे प्रमुखता देनी चाहिए और अपनाना चाहिए।"

दक्षिण के एक सदस्य ने इस पर टिप्पणी की, "अंग्रेजी भी तो भाषा के नाते संस्कृत या हिंदी की बहन यानी आपकी मौसी हुई। फिर आप उसके पीछे हाथ धोकर क्यों पड़े हैं?"

डॉ. रघुवीर ने उनके व्यंग्य के वार का करारा जवाब देते हुए कहा, "हमारे देश की मौसी बहन की प्रगति में बाधा नहीं बनती, परंतु यह विदेशी मौसी बड़ी बहन के मार्ग में बाधा अवश्य उपस्थित कर रही है।"

सदन ने इस चुटीले प्रहार का भरपूर आनंद लिया।

□□

मार्क ट्वेन

ईश्वर ने कृपा की

मार्क ट्वेन के एक प्रशंसक ने उनके जन्मदिन पर उन्हें एक अभिनंदन पत्र लिखा। पर खेद की बात यह थी कि उसे मार्क ट्वेन का वर्तमान पता ज्ञात न था। सो उसने पत्र को लिफाफे में डालकर पते की जगह लिखा—

"श्रीयुत मार्क ट्वेन, पता नहीं मालूम;
ईश्वर करे, यह पत्र उन्हें मिल जाए।"

कुछ दिनों के बाद उस प्रेमी पाठक को मार्क ट्वेन का पत्र मिला। पत्र में सिर्फ इतना लिखा था—

"ईश्वर ने कृपा की।"

नीचे मार्क ट्वेन के हस्ताक्षर थे।

□□

जॉर्ज बर्नार्ड शॉ

अच्छा हुआ जो आप आये

शॉ दूसरों पर व्यंग्य बाण चलाने में माहिर थे, लेकिन पारी कभी-कभी बदल भी तो जाती है, और ऐसा ही उस दिन हुआ।

'शेक्सपियर दिवस' पर स्ट्रैटफर्ड ऑन एवन के शेक्सपियर मेमोरियल थियेटर में शेक्सपियर का एक नाटक खेला जाना था। बहुत-सी मशहूर हस्तियां आमंत्रित थीं।

संयोगवश शॉ भी वहां जा पहुंचे। शॉ को वहां देखकर लोगों को बड़ा आश्चर्य हुआ क्योंकि लोगों को मालूम था कि शेक्सपियर के बारे में शॉ की धारणा अच्छी नहीं है।

तभी शॉ पर व्यंग्यबाण चला। उनका स्वागत करते हुए जी. के. चेयरमैन ने आगे बढ़कर कहा, "आइए मिस्टर शॉ! अच्छा हुआ जो आप आये। मरे शेर से जिंदा कुत्ता कहीं अच्छा होता है।"

शॉ तिलमिला तो उठे पर मौके की शान की खातिर चुप रहना पड़ा।

किस बुक से?

एक संवाददाता ने एक बार शॉ से पूछा, "आप किस बुक से सबसे अधिक लाभान्वित हुए हैं?"

शॉ ने उत्तर दिया, "चेक बुक से।"

उम्र का हिसाब

लंदन की एक संभ्रांत महिला, जो अपने सौंदर्य प्रसाधनों पर काफी रकम खर्च करती थी, ने शॉ से पूछा, "आपको मेरी उम्र कितनी लगती है।"

बर्नार्ड शॉ ने थोड़ी देर उसे ऊपर से नीचे तक गौर से देखा फिर बोले, "तुम्हारे दांतों पर ध्यान दिया जाए तो तुम्हारी उम्र 18 वर्ष कहनी चाहिए, भूरे और घुंघराले बालों

को देखते हुए 19 वर्ष और तुम्हारी अदा को देखते हुए मुझे तुम्हारी उम्र 14 वर्ष आंकनी चाहिए।''

महिला ने उनकी चापलूसी-सी करते हुए कहा, ''आप की इस राय के लिए बहुत धन्यवाद, फिर भी यह बताइए कि आप मुझे कितनी उम्र की समझते हैं?''

मैंने तो उत्तर दे दिया है। फिर भी 18, 19 और 14 को जोड़ लो, तुम्हें मेरी दृष्टि में तुम्हारी उम्र का उत्तर मिल जाएगा'', शॉ ने मुस्कुराते हुए कहा।

प्रेम प्रदर्शन का तरीका

जॉर्ज बर्नार्ड शॉ बहुत सौंदर्यप्रेमी थे। उनका मानना था कि जीवन के लिए साहित्य और सौंदर्य आवश्यक तत्त्व हैं।

एक दिन एक आगंतुक ने उनसे कहा, ''आप अत्यंत सौंदर्यप्रेमी हैं, पर आपके कमरे में एक भी फूल नहीं हैं।''

''आप ठीक फरमाते हैं। यों, मुझे बच्चे भी बहुत पसंद हैं, पर बच्चों के प्रति प्रेम दर्शाने का यह तरीका तो नहीं कि मैं उनके सिर काटकर किसी बर्तन में सजाकर अपने कमरे में रख लूं।''

आगंतुक शर्म से पानी-पानी हो गया।

कुलीन पुरुष

जॉर्ज बर्नार्ड शॉ एक बार किसी क्लब में अपना छाता भूल गये। अगले दिन जब उन्हें पूछताछ के बाद छाते का कोई सुराग न मिला, तो उन्होंने क्लब के हाल में एक सूचना लिखकर दीवार पर चस्पा कर दी, ''जो कोई कुलीन पुरुष मेरा छाता ले गये हों, कृपया मुझे वापस कर दें।''

उनके एक मित्र ने यह पढ़कर उनसे पूछ ही लिया, ''आपने 'कुलीन पुरुष' क्यों लिखा? यह तो बड़ा भोंडा मजाक किया आपने?''

''वह इसलिए कि इस क्लब की नियमावली में उल्लिखित है कि कुलीन और शरीफ लोग ही इस क्लब के सदस्य हो सकते हैं। जाहिर सी बात है कि किसी शरीफ का यह काम नहीं हो सकता, किसी कुलीन पुरुष ने ही ऐसा किया होगा'', शॉ ने बात स्पष्ट की।

❑❑

डॉ. सेमुअल जॉनसन

परिभाषा

अंग्रेजी का पहला शब्दकोश बनाने वाले डॉ. जॉनसन ने शब्दों को अकारादि क्रम से जोड़ा, लेकिन शब्दों के आगे अर्थ लिखने की बजाय परिभाषाएं लिख दीं।

ऐसा करने की वजह शायद यह थी कि शब्द का अर्थ ठीक से समझ में आ जाए। मिसाल के तौर पर 'सिगरेट' का अर्थ उन्होंने लिखा:

"सिगरेट कागज में लिपटा हुआ तंबाकू है, जिसकी एक तरफ धुआं होता है और दूसरी तरफ बेवकूफ।"

तरीका

डॉक्टर जॉनसन खाने-पीने के बड़े शौकीन थे। उनके दोस्तों को पता था कि ककड़ी से उन्हें बेहद चिढ़ थी।

एक दिन उन्हें चिढ़ाने के ही लिहाज से उनके एक दोस्त ने पूछा, "डॉक्टर जॉनसन, आपके हिसाब से ककड़ी खाने का बढ़िया तरीका कौन-सा है?"

डॉक्टर जॉनसन समझ तो गये कि उसने किस आशय से उनसे यह सवाल किया है, फिर भी उन्होंने ऐसा जवाब दिया मानो उन्होंने इसका कतई बुरा न माना हो। उनका जवाब था, "मेरे हिसाब से तो उसे पहले ठीक से धो-पोंछ लिया जाए, फिर उसे नरमी से तराशा जाए, उसकी सुंदर फाकें बनायी जाएं और फिर उन फाकों को किसी खूबसूरत-सी प्लेट में सजाया जाए, उन फाकों पर नमक, काली मिर्च वगैरह डाली जाए, संभव हो तो सिरका या सलाद भी उसमें मिलाया जाए और....।

बीच में ही उनके मित्र ने खुश होते हुए कहा, "और तब उसे खाया जाए?"

"जी नहीं!" डॉक्टर जानसन ने व्यंग्य भरी आवाज में कहा, "उस सजी प्लेट को धीरे से उठाकर किसी नजदीकी खिड़की से नीचे फेंक दिया जाए।" और फिर गुस्से से

''भला, यह भी कोई खाने की चीज है?''

अब तो उनके मित्र पर घड़ों पानी पड़ चुका था। जब वह उनसे इजाजत लेकर चलने को हुआ तो डॉक्टर जानसन ने उसे ताकीद किया, ''फिर कभी ऐसा बेहूदगी भरा सवाल मत करना।''

❑❑

जगदीशचंद्र बोस

स्वाभिमान

जगदीशचंद्र बोस की नियुक्ति प्रेजीडेंसी कॉलिज में भौतिकी के प्राध्यापक के पद पर की गई। लेकिन भेदभाव के कारण किसी भी भारतीय प्रोफेसर को यूरोपीय प्रोफेसर की तुलना में दो-तिहाई वेतन दिया जाता था। उस पर भी बोस क्योंकि अस्थायी थे, इसलिए उन्हें यूरोपीय प्रोफेसरों के वेतन की तुलना में केवल आधा वेतन ही मिलता, इससे बोस क्षुब्ध हो गये। उन्होंने कहा कि समान कार्य के लिए समान वेतन दिया जाना चाहिए। उनका कहना था, ''मैं वेतन लूंगा तो पूरा, नहीं तो वेतन लूंगा ही नहीं।''

और सचमुच उन्होंने पूरे तीन साल तक वेतन नहीं लिया। आर्थिक तंगी के कारण कलकत्ते का महंगा मकान छोड़कर उन्हें शहर से दूर एक सस्ता-सा मकान लेना पड़ा।

कलकत्ता काम पर आने के लिए वे पत्नी सहित स्वयं नाव खेकर हुगली नदी पार करते। पत्नी नाव खेकर वापस ले जातीं और शाम को बोस को लेने के लिए नाव लेकर आतीं। इस सबके बावजूद भी वह अपने निश्चय से डिगे नहीं।

अंततः अंग्रेजों को हार माननी पड़ी और उन्हें अंग्रेजों के बराबर वेतन देना स्वीकार किया गया।

❑❑

आइसेक सिंगर

अंततः लेखक

अमरीकी यहूदी लेखक आइसेक बाशेविस सिंगर जब पहली बार पोलैंड से अमरीका पहुंचे तो अंग्रेजी न जानने के कारण अमरीका उनके लिए रेगिस्तान सरीखा था। फिर भी अपने सदुपयोग से उन्होंने अपनी जड़ें वहां जमा ही लीं। इस बारे में उनका कहना था—"लेखक स्वभावतः एक पौधे की तरह होता है। कुछ पौधे रेगिस्तान में उगते हैं, तो कुछ झील के किनारे और कुछ ऐसे भी होते हैं जो कहीं भी बढ़-पनप सकते हैं, घास की तरह। मैं कहीं भी जाऊं, अंततः रहूंगा तो लेखक ही।"

समस्या तो रहेगी ही

सिंगर यहूदी थे। किसी ने उनसे पूछा, आपका यहूदी होना क्या आपके लेखन में किसी प्रकार सहायक रहा है?"

इस पर उनका जवाब बड़ा विनोदपूर्ण था, "जब किसी यहूदी लेखक के पास लिखने के लिए कोई विषय न रह जाए तो वह यहूदी समस्या पर लिख सकता है क्योंकि भले ही वह दस लाख लेख लिख डाले, फिर भी यहूदियों के पास कोई-न-कोई समस्या तो रहेगी ही!"

असंभव

एक बार सिंगर ने एक नया उपन्यास लिखा, पर प्रकाशक को भारी भरकम लगने के कारण कुछ छोटा करना पड़ा। इस पर उनके किसी मित्र ने उनसे कहा कि ऐसा करना ठीक नहीं था। लेकिन सिंगर ने जोर देकर कहा कि इसमें प्रकाशक का कदम कोई गलत नहीं था क्योंकि बहुत लंबा लिखना बेकार है। भले ही आप खालिस सोना लिखते हों, पर कोई भी आदमी टन भर सोना नहीं ढो सकता।

मिल्टन

रंग नहीं, कांटों का अहसास

कहा जाता है कि जॉन मिल्टन की बीवी बहुत खूबसूरत थी। खूबसूरत होने के साथ-साथ वह बहुत झगड़ालू भी थी। उनके एक मित्र ने उनकी पत्नी की खूबसूरती की प्रशंसा करते हुए उन्हें ऐसी पत्नी पाने की बधाई दी—''आपकी पत्नी तो गुलाब के फूल की तरह है।''

यह सुनकर मिल्टन बोले—''मित्र, मैं रंग तो नहीं देख सकता (मिल्टन अंधे थे), पर कांटों की चुभन जरूर महसूस करता हूं।''

❑❑

टेनिसन

आय

लार्ड टेनिसन के बाल्यकाल की घटना है। उन्होंने अपनी दादी की मृत्यु पर, उनकी समाधि पर खुदवाने के लिए एक कविता लिखी।

कविता उनके दादाजी को पसंद आ गयी। पोते को दस शिलिंग बतौर इनाम देते हुए वे बोले, ''कविता से होने वाली यह तुम्हारी पहली आय है और मैं बता देता हूं, अंतिम भी।''

पर खेद है कि दादाजी की भविष्यवाणी सच नहीं हुई। लार्ड टेनिसन आगे चलकर कितने बड़े कवि हुए और उन्होंने कितना धन कमाया, किसी से छिपा नहीं।

❑❑

आर्थर कानन डायल

चुप्पी का राज

रहस्य कथाओं के प्रख्यात लेखक सर आर्थर कानन डायल पुनर्जन्म पर विश्वास रखते थे और आत्माओं से बातचीत करने में भी उनकी दिलचस्पी थी। उनके एक लेखक मित्र का देहावसान हो जाने पर किसी ने पूछा, ''क्या आपने अपने मित्र की आत्मा से बातचीत की?''

''नहीं!''

''लेकिन आप तो आत्माओं के अस्तित्व में विश्वास रखते हैं?''

''जरूर। लेकिन उनकी आत्मा से बातचीत का तो कोई प्रश्न ही नहीं उठता।''

''भला क्यों?''

''क्योंकि उनकी मृत्यु से कुछ दिन पहले हमारी उनकी बोलचाल बंद हो चुकी थी।''

□□

रूडयार्ड किपलिंग

सही खबर

एक बार समाचारपत्र में असावधानीवश रूडयार्ड किपलिंग की मृत्यु की खबर छप गई। किपलिंग ने जब अखबार देखा तो उन्हें बड़ा अचरज हुआ। थोड़ी देर वे सोचते रहे। फिर उन्होंने समाचारपत्र के संपादक को कुछ इस अंदाज में पत्र लिखा—

''क्योंकि आपको हर बात की सही खबर रहती है, इसलिए मेरी मृत्यु का समाचार भी सच ही होगा। सो मेरी प्रार्थना है कि अपने समाचारपत्र के ग्राहकों की सूची से मेरा नाम काट दें।''

□□

हेनरी जेम्स

लेकिन मैं नहीं

अंग्रेजी उपन्यासकारों में हेनरी जेम्स को उच्च स्थान प्राप्त है। आज भी उनकी ख्याति कम नहीं हुई है।

बात उस समय की है, जब उनकी प्रसिद्धि चरम पर थी। उनकी बढ़ती लोकप्रियता के कारण बहुत से लोग उनसे ईर्ष्या रखने लगे थे। और तो और, उनका पड़ोसी तक उनसे जलता था।

एक दिन अचानक पड़ोसी की पत्नी की तबीयत बहुत खराब हो गयी। मारे पीड़ा के उसका बुरा हाल था। रो-चिल्लाकर उसने आसमान सिर पर उठा रखा था। उसका पति इतना घबरा गया था कि वह सोच नहीं पा रहा था कि क्या करे? तभी उसने अपने घर में जेम्स को प्रवेश करते हुए देखा। जेम्स को सामने देखकर वह विस्मित हो उठा और बेसाख्ता उसके मुंह से निकला, ''अरे जेम्स, तुम यहां?''

''क्यों क्या हुआ? क्या मुझे यहां नहीं आना चाहिए था?'' जेम्स ने प्रेमपूर्वक प्रतिवाद किया।

पड़ोसी झेंपते हुए बोला, ''नहीं, नहीं, ऐसी बात नहीं है।''

जेम्स ने उसको सूचित किया, ''मैंने डॉक्टर को बुला भेजा है, वह आता ही होगा।''

पड़ोसी हैरान था। अंत में उसने अपने मन की बात कह ही दी, ''मुझे आशा नहीं थी कि तुम इस मुसीबत के समय हमारे साथ होगे क्योंकि मैं तुम्हें सदा अपना दुश्मन मानता था।''

बीच में ही बात काटकर जेम्स बोले, ''लेकिन मैं नहीं, मेरे दोस्त।''

□□

श्रीनिवास रामानुजन्

केला

महान गणितज्ञ श्रीनिवास रामानुजन् के बचपन की एक दिलचस्प घटना है। उनके अध्यापक गणित पढ़ा रहे थे। उन्होंने ब्लैक-बोर्ड पर तीन केले बनाए और प्रश्न पूछा, ''यदि हमारे पास तीन केले हों और तीन ही विद्यार्थी, तो प्रत्येक विद्यार्थी के हिस्से में कितने केले आएंगे?''

एक बालक ने तपाक से उत्तर दिया, ''प्रत्येक विद्यार्थी को एक केला मिलेगा।''

अध्यापक ने कहा, ''बिल्कुल ठीक।''

अभी भाग देने की क्रिया को अध्यापक आगे समझाने ही जा रहे थे कि एक बालक ने खड़े होकर प्रश्न पूछा, ''सर यदि किसी भी बालक को कोई भी केला न दिया जाये, तो क्या तब भी प्रत्येक बालक को एक केला मिल सकेगा?''

यह सुनते ही सारे विद्यार्थी हो-हो करके हंस पड़े।

अध्यापक ने मेज थपथपायी और बोले—''इसमें हंसने की कोई बात नहीं है, बालक यह जानना चाहता है कि यदि शून्य को शून्य से विभाजित किया जाए तो भी क्या परिणाम एक ही होगा।

आगे समझाते हुए अध्यापक ने बताया कि इसका उत्तर शून्य ही होगा। यह गणित का एक बहुत महत्वपूर्ण प्रश्न था तथा गणितज्ञों को इसका हल ढूंढ़ने में सैकड़ों वर्ष लगे। कुछ लोगों का विचार था कि शून्य को शून्य से विभाजित करने पर उत्तर शून्य ही होगा, जबकि अन्य लोगों का विचार था कि उत्तर एक होगा। अंत में इस समस्या का निराकरण भारतीय वैज्ञानिक भास्कर ने किया, उन्होंने यह सिद्ध किया कि शून्य को शून्य से विभाजित करने पर परिणाम शून्य ही होगा न कि एक।

❑❑

चंद्रशेखर वेंकट रामन्

रामन् पर 'रामन्-प्रभाव'

नोबेल पुरस्कार लेने रामन् स्टॉकहोम पहुंचे। इस पुरस्कार से सम्मानित होने वाले ये पहले वैज्ञानिक थे। वहां उन्होंने वैज्ञानिकों के समक्ष 'रामन्-प्रभाव' का प्रयोग करके दिखाया। इसके लिए उन्होंने अलकोहल द्रव को चुना था। सायंकाल रामन् के सम्मान में आयोजित समारोह में रिवाज के मुताबिक सम्मानित व्यक्ति के स्वास्थ्य के नाम पर शराब के प्याले टकराकर पिये जाने थे।

रामन् शराब नहीं पीते थे, इसलिए प्रहसन के मूड में एक वैज्ञानिक ने रामन् से कहा, "आज सुबह आपने अलकोहल (शराब) पर 'रामन्-प्रभाव' का प्रयोग करके हमारा मनोरंजन किया था अब आप रामन् पर अलकोहल के प्रभाव का प्रदर्शन करके हमारा मनोरंजन क्यों नहीं करते?"

गुरु

रामन् में ज्ञानार्जन करने की इच्छा बहुत तीव्र थी। ऐसे ही उनका परिचय एक युवा डॉक्टर से हुआ। रामन् ने उस युवक को रंग और दृष्टि के संबंध में अपनी नवीनतम खोजों की जानकारी दी। अंत में उन्होंने उस युवक से कहा, "दृष्टि के भौतिकशास्त्रीय पहलू पर तो मैं बहुत कुछ जान गया हूं, परंतु उसका शारीरिक क्रिया से संबंधित पहलू मुझे उतना स्पष्ट नहीं है। बताइए आपको कब फुरसत होगी, ताकि मैं यह आपसे समझ सकूं....।"

युवक डॉक्टर बीच में ही बोल पड़ा, "सर आप आज्ञा कीजिए, आप जब चाहेंगे, मैं फौरन नक्शे आदि लेकर आपके पास आ जाऊंगा, यह है मेरा फोन नंबर.....।"

यह सुनकर रामन् ने जवाब दिया, "नहीं मित्र, सीखना मुझे है, अतः मुझे ही अपने गुरु के पास आना होगा"।

❑❑

आइजेक न्यूटन

ओ डायमंड!

बात उन दिनों की है जब न्यूटन ट्रिनिटी कॉलिज, कैंब्रिज में प्रोफेसर थे। उस समय उनकी आयु 51 वर्ष की थी। वे एक ऐसी पुस्तक लिखने में व्यस्त थे, जिसमें पिछले वर्षों में उनके द्वारा किये गये समस्त प्रयोगों का विवरण था। एक दिन वह अपनी मेज पर कागजों को बिखरा हुआ छोड़कर गिरजाघर में प्रातःकालीन प्रार्थना में चले गये। घर में उनका डायमंड नाम का स्वामिभक्त कुत्ता था। न्यूटन की अनुपस्थिति में मेज पर एक चूहा आया और लगा कागज कुतरने। डायमंड ने जब देखा कि चूहा उसके मालिक के कागज कुतर रहा है, तो उससे रहा नहीं गया और वह चूहे पर झपटा। इस छीना-झपटी में मेज पर रखी मोमबत्ती लुढ़क गयी और कागजों में आग लग गयी।

वापस लौटने पर न्यूटन ने देखा कि उनकी वर्षों की साधना राख के ढेर में बदल गयी है। ऐसे में कोई सामान्य आदमी होता तो गुस्से में अपना आपा खो बैठता। लेकिन न्यूटन तो युगपुरुष थे। क्रोध करने के बजाय अपने कुत्ते से केवल इतना कहा, ''ओ डायमंड! तुझे पता नहीं तूने क्या शैतानी की है!''

उन्होंने कुत्ते को कोई सजा नहीं दी।

छेद

एक दिन एक व्यक्ति ने न्यूटन के कोट के एक छेद की तरफ इशारा करते हुए कहा, ''न्यूटन साहब, इस छेद से आपकी निर्धनता बाहर झांक रही है।''

''जी नहीं, आपकी मूर्खता अंदर प्रवेश कर रही है'', न्यूटन ने सटीक जवाब दिया।

डॉ. हरगोविंद खुराना

मेहमान नहीं

भारतीय मूल के वैज्ञानिक डॉ. हरगोविंद खुराना, जिन्हें 1968 में औषधि एवं शरीर क्रिया विज्ञान में नोबेल पुरस्कार मिला था, काफी अर्से बाद दिल्ली आये। भोजन करने का जब समय हुआ तो मेज पर पश्चिमी ढंग का खाना लगा हुआ देखकर उन्हें बड़ी हैरानी हुई। उन्होंने इसका कारण जानना चाहा, तो किसी ने आगे बढ़कर बताया, ''हमने सोचा कि आप लंबे अर्से से अमरीका में रह रहे हैं तो अब तक आप पश्चिमी ढंग के खाने के आदी हो चुके होंगे, इसीलिए आपके खाने के लिए ऐसी व्यवस्था की गयी है।''

इस पर डॉ. खुराना बोले, ''नहीं भाई, ऐसा नहीं है। मैं अपने घर, अपने देश को भूला नहीं हूं। मुझे पश्चिमी खाना नहीं चाहिए। मुझे तो चाहिए बाजरे की मोटी-मोटी रोटियां और सरसों का साग। मैं अपने घर आया हूं। मुझे मेहमान न समझा जाए।''

कहना न होगा कि डॉ. खुराना की सादगी और अपनेपन पर लोग रीझ गये।

□□

सिगमंड फ्रायड

सीधा-सा मनोविज्ञान

प्रख्यात मनोविज्ञानी सिगमंड फ्रायड अवकाश के दिन अपनी पत्नी और बच्चे के साथ एक बगीचे में घूमने गये। लौटते समय देखा तो बच्चा गायब था। दोनों बातों में इतने मशगूल थे कि किसी को बच्चे का ध्यान ही न रहा।

बच्चे को न पाकर उनकी पत्नी घबरा गयी, मगर फ्रायड को जैसे कुछ हुआ ही न हो। उनकी पत्नी तनिक रोष में बोली, ''आप खामोश क्यों हैं? देखिए न बच्चा कहां गया?''

फ्रायड ने उन्हें धीरज बंधाते हुए कहा, ''इतना घबराओ मत बच्चा मिल जाएगा।''

''क्या बिन खोजे ही?'' पत्नी के स्वर में खीज थी।

''हां बिन खोजे ही'', उसी धैर्य के साथ फ्रायड ने कहा और पूछा, ''क्या तुमने उसे कहीं जाने से मना किया था?''

पत्नी थोड़ी देर सोचती रही? उसे याद आया कि उसने बच्चे को फव्वारे के पास जाने से मना किया था। यह सुनकर फ्रायड बोले, ''95 फीसदी तो यही उम्मीद है कि बच्चा फव्वारे के पास होगा।''

और वाकई बच्चा फव्वारे के पास बैठा पानी की उठती धार को मंत्रमुग्ध भाव से देख रहा था।

उनकी पत्नी को जिज्ञासा हुई कि आखिर फ्रायड को यह कैसे पता लगा कि बच्चा फव्वारे के ही पास होगा।

मनोविश्लेषक फ्रायड ने इस रहस्य की व्याख्या करते हुए बताया, ''बच्चा वहीं जाएगा, जहां उसे जाने को मना किया जाएगा। वह उस काम को जानबूझ कर करेगा, जिस काम को करने को उसे मना किया जाएगा।''

फ्रायड ने इस रहस्योद्घाटन के बाद और जोड़ा कि मनोविज्ञान का यह सीधा-सा नियम बच्चों पर ही नहीं, समान रूप से बड़ों पर भी लागू होता है।

अलबर्ट आइन्स्टाइन

कौन-कौन से उपकरण

बात उन दिनों की है, जब आइन्स्टाइन जर्मनी छोड़ चुके थे। दुनिया भर के विश्वविद्यालयों से उनको निमंत्रण मिला, मगर उन्होंने बौद्धिक एवं शांत वातावरण के कारण प्रिंस्टन विश्वविद्यालय को चुना।

जब आइन्स्टाइन पहली बार प्रिंस्टन पहुंचे, तो वहां के प्रशासनिक अधिकारी ने पूछा, ''मैं आपके लिए कौन-कौन से उपकरणों की व्यवस्था कर दूं?''

आइन्स्टाइन ने बड़ी सहजता से जवाब दिया, ''मुझे केवल एक ब्लैकबोर्ड, कुछ चाक, कुछ पेपर और कुछ पेंसिलें चाहिए।''

अधिकारी उनके उपकरणों की सूची सुनकर आश्चर्य में पड़ गया। वह कुछ कहता कि तभी आइन्स्टाइन ने फरमाइश की, ''इन चीजों के अतिरिक्त एक बड़ी-सी टोकरी चाहिए।''

''क्यों?'' अधिकारी ने आश्चर्य से पूछा।

''क्योंकि अपनी गणनाओं के दरम्यान मैं जगह-जगह गलतियां करूंगा और छोटी टोकरियां रद्दी से जल्दी ही भर जाएंगी'', आइन्स्टाइन ने हंसते हुए जवाब दिया।

मान-सम्मान से परे

सन् 1952 में इसराइल के प्रथम राष्ट्रपति कैम वीजमान का निधन हो गया तो इसराइल के राष्ट्रपति पद को स्वीकारने की आइन्स्टाइन से प्रार्थना की गयी। आइन्स्टाइन ने विनम्रता से उस प्रस्ताव को नामंजूर कर दिया और इसराइली राजदूत अब्बा एबान को एक पत्र लिखा —

''मुझे प्रकृति के बारे में तो थोड़ा बहुत ज्ञान है, पर मनुष्य के बारे में लगभग कुछ भी नहीं मालूम। हमारे राष्ट्र इसराइल के इस निमंत्रण ने मेरे हृदय को गहरा छुआ है और मुझे एक साथ उदास और लज्जित कर दिया है, क्योंकि मैं इसे स्वीकार नहीं कर सकता।''

आइन्स्टाइन ने अपने पत्र में आगे लिखा—

"जीवन भर मेरा पाला भौतिक पदार्थों से पड़ा है। मुझमें मनुष्यों से समुचित व्यवहार करने और सरकारी कामों को निभाने की न स्वाभाविक क्षमता है, न ही अनुभव। अगर बढ़ती उम्र मेरी शक्ति को सोखने न लगी होती, तो भी सिर्फ ये कारण ही मुझे इस उच्च पद के लिए अनुपयुक्त ठहराने के लिए काफी हैं।"

आइन्स्टाइन के उपकरण

कैलीफोर्निया इंस्टीट्यूट ऑफ टेक्नालॉजी ने आइन्स्टाइन को भाषण देने के लिए आमंत्रित किया था। साथ में श्रीमती आइन्स्टाइन भी थीं। आइन्स्टाइन दंपती माउंट विल्सन स्थित वेधशाला भी देखने गये। उस समय तक दुनिया की सबसे बड़ी दूरबीन—सौ इंची व्यास वाले दर्पण की—इसी वेधशाला में स्थापित थी। इस भव्य दूरबीन को देखकर श्रीमती आइन्स्टाइन ने वेधशाला के अध्यक्ष से पूछा, "इतनी बड़ी दूरबीन भला किस काम आती है?"

अध्यक्ष ने उत्तर दिया, "ब्रह्मांड की रचना समझने के लिए।"

"आश्चर्य की बात है! मेरे पति यह सब आमतौर पर एक पुराने लिफाफे के कागज पर करते हैं", श्रीमती आइन्स्टाइन ने हैरानगी से कहा।

बात बिलकुल सच थी। आइन्स्टाइन के बर्लिन स्थित निवास के अध्ययन-कक्ष में उनकी मेज पर न्यूटन का एक चित्र था और इसके समीप ही एक छोटी-सी दूरबीन थी। उनसे मिलने वाले व्यक्ति अकसर पूछते थे कि क्या वह इस दूरबीन का इस्तेमाल करते हैं, तो आइन्स्टाइन का जवाब होता था—"नहीं भाई, मैं आकाश के तारे नहीं देखता। इस मकान में मुझसे पहले जो किरायेदार रहता था, वही यह दूरबीन छोड़ गया है। मैंने महज एक खिलौने के तौर पर इसे यहां रखा हुआ है।"

एक आगंतुक ने जब उनकी प्रयोगशाला के बारे में जानना चाहा तो आइन्स्टाइन ने उसे अपना फाउंटेनपेन दिखाया अर्थात् वही उनका उपकरण था और उनका दिमाग ही उनकी प्रयोगशाला।

मृत्यु भय नहीं

एक बार किसी व्यक्ति द्वारा यह पूछे जाने पर कि 'क्या आप मृत्यु से डरते हैं?' आइन्स्टाइन ने बड़े निस्पृहभाव से जवाब दिया, "मैं सभी जीवित चीजों के साथ ऐसी एकात्मकता का अनुभव करता हूं कि मेरे लिए यह बात कोई अर्थ नहीं रखती कि व्यक्ति कहां से शुरू होता है और कहां समाप्त होता है। संसार में ऐसा कुछ नहीं है, जिसे मैं क्षण भर के नोटिस पर छोड़ नहीं सकता।"

□□

पृथ्वीराज कपूर

सिर झुकेगा तिरंगे के आगे ही

सुप्रसिद्ध रंगकर्मी और सिने कलाकार पृथ्वीराज कपूर जब अपनी मास्को यात्रा से लौटकर आये तो राज्यसभा में (वह राज्यसभा के भी सदस्य थे) किसी सदस्य ने उनसे चुटीला व्यंग्य किया, "अब तो मास्को की तीर्थयात्रा के बाद आप लाल झंडे के हामी बन ही गये होंगे?"

"जी हां, मैं लाल झंडे का सम्मान करूंगा पर मास्को में फहराने वाले लाल झंडे का ही। दिल्ली में तो मेरा सिर तिरंगे के ही आगे झुकेगा", कपूर साहब ने शांत किंतु दृढ़ स्वर में जवाब दिया।

□□

चार्ल्स डार्विन

असहमति का प्रमाण-पत्र

प्रसिद्ध प्रकृति विज्ञानी चार्ल्स डार्विन एक दिन अपने किसी दोस्त के साथ चिड़ियाघर गये। बातचीत के दरमियान उन्होंने अपने मित्र से कहा कि मनुष्य की विचारशक्ति उसकी सहज वृत्ति से कहीं अधिक शक्तिशाली होती है।

उनका मित्र इस बात से सहमत नहीं था। वे उससे अपनी बात मनवाने का प्रयास करते-करते सांपों की पेटी तक पहुंच गये। बातचीत छोड़कर मोटे शीशे में बंद सांपों को डार्विन निहारने लगे। एक पेटी के काफी नजदीक तक डार्विन ने अपना चेहरा कर लिया। एक विषैले सांप को शायद यह अच्छा नहीं लगा अत: उसने जोर से शीशे पर फुफकार मारी। हालांकि डार्विन को भलीभांति ज्ञान था कि मोटा शीशा आसानी से टूटने वाला नहीं था, फिर भी वह तत्काल पीछे हट गये।

उनका मित्र बोला, ''अब तो आपको मेरी असहमति का प्रमाण-पत्र मिल गया न!''

डार्विन विवश हो गये थे। उन्होंने 'हां' में सिर हिलाया और स्वीकारा कि कुछ देर पूर्व हो रही बहस में उनका पक्ष ठीक नहीं था।

❐❐

वर्नर हाइजनबर्ग

किताब

वर्नर हाइजनबर्ग जब उन्नीस वर्ष के थे, तब वह पाठशाला में संतरी की ड्यूटी दिया करते थे। एक दिन ऐसे ही ड्यूटी देते वक्त उन्हें कहीं से विख्यात दार्शनिक प्लेटो की 'तिमैयस' नाम की पुस्तक प्राप्त हो गयी, जिसमें प्राचीन यूनान के परमाणु संबंधी सिद्धांत दिये हुए थे।

इस पुस्तक को पढ़ते-पढ़ते उनकी भौतिकी में इतनी रुचि हो गई कि उन्होंने इस क्षेत्र में ही कुछ करने की ठान ली। फिर क्या था, 23 वर्ष की आयु तक अपनी बेजोड़ प्रतिभा के बल पर वे गोटिंजेन में प्रोफेसर मैक्स प्लांक के सहायक के पद पर नियुक्त हो गए। इसके बाद तो मानो उन्होंने कभी पीछे मुड़कर कुछ देखा ही नहीं।

अपने जीवन के चौबीसवें बसंत के बीतने तक वे कोपेनहेगन के विश्वविद्यालय में लेक्चरर हो चुके थे। 26 वर्ष की आयु में वह लीपजिग में प्रोफेसर के पद पर आसीन हो गये। 32 वर्ष की आयु तक पहुंचते-पहुंचते अपने पिछले छः-सात वर्षों के अनुसंधानों के आधार पर उन्हें भौतिक विज्ञान में असाधारण योगदान के लिए नोबेल पुरस्कार प्रदान किया गया।

देखा एक पुस्तक ने कैसे एक संतरी को मात्र कुछ वर्षों में नोबेल पुरस्कार विजेता वैज्ञानिक के रूप में बदल दिया।

थॉमस एल्वा एडिसन

समस्या का हल

थॉमस एडिसन फोनोग्राम बनाने के काम में व्यस्त थे। इसी बीच भारी-हल्के स्वरों से संबंधित एक मशीन से निकलने वाली समस्या उनके सामने खड़ी हो गयी। उन्होंने यह गुत्थी सुलझाने का काम अपने एक सहायक के सुपुर्द कर दिया।

दो साल तक उस पर काम करने के बाद वह सहायक एडिसन के पास आया और बोला, ''मिस्टर एडिसन, मैंने आपके हजारों डॉलर और अपने जीवन के दो साल इस काम में खपा दिये और निकला कुछ नहीं। अगर कोई हल होता तो मैं अब तक निकाल लेता। मैं इस्तीफा देना चाहता हूं।''

इतना कहकर उसने अपना इस्तीफा एडिसन की मेज पर रख दिया।

एडिसन ने एक क्षण भी सोचे बगैर इस्तीफे का कागज फाड़ दिया और बोले, ''मैं तुम्हारा इस्तीफा नामंजूर करता हूं।''

क्षणभर रुककर, उसे समझाते हुए एडिसन ने कहा, ''जॉर्ज, मेरा विश्वास है कि हर समस्या, जो ईश्वर ने हमें दी है, उसका हल उसके पास है। हम भले ही उसे न निकाल सकें, मगर किसी-न-किसी दिन, कोई न कोई उसे जरूर निकालेगा। वापस जाओ और कुछ अर्से तक और मेहनत करो।''

पत्नी की सलाह

यह बात अक्षरशः सही है कि एडिसन को काम करने का नशा था। वे एक बार अपनी धुन में जब प्रयोगशाला में घुस जाते, तो जल्द बाहर ही न निकलते, उनकी इस आदत से उनकी पत्नी बहुत चिढ़ी-चिढ़ी रहती।

एक दिन तो हद हो गई, एडिसन काफी दिनों से

प्रयोगशाला में घुसे थे। वे बाहर ही नहीं निकल रहे थे। आखिरकार जब वे बाहर निकले तो उनकी पत्नी ने सलाह दी, "तुम सारे रात-दिन काम में लगे रहते हो। कभी तो छुट्टी कर लिया करो।"

"लेकिन छुट्टी लेकर मैं जाऊंगा कहां?"

"जहां तुम्हारा मन चाहे", पत्नी ने कहा

"अच्छा। तो फिर मैं वहीं जाता हूं", यह कह कर एडिसन फिर से अपनी प्रिय प्रयोगशाला में घुस गये।

जामिनी राय

सम्मान

प्रसिद्ध कलागुरु जामिनी राय अंतर्राष्ट्रीय स्तर के कलाकार थे। यद्यपि उनकी ख्याति देश-विदेश के क्षितिज को छू रही थी पर वे प्रसिद्धि और दिखावे से कोसों दूर रहते। वे किसी भी समारोह या गोष्ठी में न जाते। उनके समकालीनों का कहना है कि शायद ही कभी वे कलकत्ता से बाहर गये हों।

जामिनी राय के जीवन और उनकी कला को बहुत नजदीक से देखने वाले विदेशी कलाप्रेमी ऑस्टिन कोट्स का यह संस्मरण इसकी पुष्टि करता है—

एक दिन मैं उनके यहां गया, तो उन्होंने मुझे दिल्ली आने-जाने का रेलगाड़ी का प्रथम श्रेणी का टिकट दिखाया। उन्हें केंद्रीय सरकार की ओर से सम्मान मिला था और सम्मान ग्रहण करने के लिए दिल्ली बुलाया गया था।

"तो क्या आप जाएंगे?" मैंने पूछा तो उन्होंने हलका-सा मुस्कुराकर इनकार में सिर हिला दिया।

"पर क्यों?" मैंने पूछा।

"सम्मान यहां भी तो भेजा जा सकता है", उनका सहजता भरा उत्तर था। और सम्मान वहीं आया भी।

बैंजामिन फ्रैंकलिन

आत्मविश्वास

अपने भाई के व्यवहार से तंग आकर 17 वर्ष की उम्र में बैंजामिन फ्रैंकलिन ने अपना शहर छोड़ दिया और बोस्टन से वह न्यूयार्क चले गये, फिर फिलाडेल्फिया। वहां उन्हें एक प्रेस में नौकरी मिल गई थी। नौकरी और स्वाध्याय के साथ-साथ वह सफल भावी जीवन की नींव रखते जा रहे थे।

इधर उनके मां-बाप बड़े चिंतित थे। उनके बहनोई होम्स ने उनका पता-ठिकाना किसी तरह लगा ही लिया और आग्रह-भरा पत्र लिखा कि वे घर लौट आएं।

उत्तर में बैंजामिन ने बड़ा आत्मविश्वास-भरा पत्र लिखा—

''मैं स्वतंत्र रूप से जीवन-यापन कर रहा हूं और प्रसन्न हूं।''

और अंत में उन्होंने लिखा—

''यदि परिश्रम, मितव्ययिता, मादक द्रव्यों से परहेज, ईमानदारी और अध्यवसाय सफल होते हैं, तो मैं जरूर सफल होऊंगा। आप चिंतित और निराश न हों।''

फ्रैंकलिन वापस नहीं लौटे। उन्हीं सद्गुणों के सहारे उन्होंने जीवन में खासी ख्याति और उपलब्धियां अर्जित कीं।

हकदार नहीं

बोस्टन से जब बैंजामिन फ्रैंकलिन न्यूयार्क पहुंचे तो काफी कोशिशों के बावजूद उन्हें कोई काम न मिला।

कीमर नामक छापेखाने से जब निराश होकर वे लौट ही रहे थे कि तभी प्रेस के मालिक कीमर ने उन्हें आवाज दी, ''मेरा एक हैंड प्रेस खराब पड़ा है, क्या तुम उसे ठीक कर सकते हो?''

प्रेस को देखकर फ्रैंक़लिन ने कहा, ''मैं इसे ठीक तो

कर दूंगा, पर इस काम में दिनभर लग सकता है।''

कीमर ने उन्हें दिनभर की मजदूरी देने की बात पक्की की, पर फ्रैंकलिन ने मशीन को दोपहर के भोजन के ठीक पहले ही ठीक कर दिया।

प्रेस मालिक ने उन्हें पूरे दिन की मजदूरी देकर विदा करना चाहा लेकिन फ्रैंकलिन ने यह कहकर आधे पैसे वापस कर दिये कि—''मैं आधे दिन की ही मजदूरी का हकदार हूं।''

❐❐

मदर टेरेसा

क्योंकि मैं ईशु को प्यार करती हूं

प्रख्यात समाजसेविका और नोबेल शांति पुरस्कार से सम्मानित मदर टेरेसा से एक बार पत्रकार खुशवंत सिंह ने प्रश्न किया, ''मदर, मुझे बताइए कि कोढ़ और ग्रैंगीन जैसे घिनौने रोग वाले रोगियों को छूने का अभ्यास आपने कैसे किया? क्या पेचिश और हैजे के वमन से लिपटे मैले-कुचैले लोगों से आपको घृणा नहीं होती?''

पत्रकार की आंखों में झांकते हुए मदर ने निर्विकार भाव से उत्तर दिया, ''मैं हर इंसान में ईशु को देखती हूं। मैं अपने से कहती हूं—यह भूखा ईशु है, मुझे उसे खाना खिलाना चाहिए। यह बीमार ईशु है, इस ईशु को ग्रैंगीन, पेचिश या हैजा है, मुझे उसे धोना-साफ करना है, उसकी तीमारदारी करनी है। मैं उनकी सेवा करती हूं, क्योंकि मैं ईशु को प्यार करती हूं।''

❐❐

के. एल. सहगल

दो शरीर एक जान

एक बार अभिनेता मोतीलाल ने अपने बंगले पर अपने जन्मदिन की पार्टी दी। मोतीलाल और सहगल—दो शरीर, एक जान थे। उन दिनों सहगल क्योंकि बहुत बीमार थे, इसलिए मोतीलाल ने उन्हें नहीं बुलाया। जब सहगल को इस बात का पता चला तो वे फौरन बिस्तर से उतर खड़े हुए और ड्राइवर से कार लाने के लिए कहा। सबने उन्हें बहुत रोका मगर वे नहीं माने और बोले, "मेरे यार का जन्मदिन है और मैं न जाऊं?"

पार्टी में सहगल को देखकर मोतीलाल ने लपककर गले से लगा लिया। दोनों की आंखें भर आईं। सहगल ने मोतीलाल को उलाहना देते हुए कहा, "अरे जालिम, अभी तो मैं जिंदा हूं, मुझे बुला लिया होता।"

मोतीलाल बोले, "तुम्हारे स्वास्थ्य को देखते हुए मैंने तुम्हें बुलाना ठीक नहीं समझा था।"

"गोली मारो स्वास्थ्य को", सहगल ने झुंझलाते हुए कहा, "मैं ठीक हूं। जरा तानपूरा लाओ। आज मेरे यार का जन्मदिन है। मैं गाऊंगा।"

सबने मना किया, मगर वे नहीं माने और सुबह के चार बजे तक गाते रहे। बीज-बीच में खांसते भी जाते, और जब मोतीलाल नब्ज देखने लगते तो वे फौरन अपना हाथ छुड़ा लेते।

☐☐

माइकल फैराडे

आविष्कार और बच्चा

एक बार फैराडे ने अपने विद्युत चुंबकीय प्रेरण के प्रयोग की प्रदर्शनी लगायी। इस प्रयोग को देखने के लिए देश-विदेश से बहुत से लोग आये। दर्शकों की भीड़ में अपनी गोदी में बच्चा लिये एक महिला भी शामिल थी। फैराडे ने मेज के सामने खड़े होकर अपने प्रयोग को प्रदर्शित किया। उन्होंने पहले तो तांबे के तारों की एक कुंडली के दोनो सिरों को एक गैलवेनोमीटर से जोड़ दिया फिर एक छड़ चुंबक को तेजी से इस कुंडली में प्रविष्ट कराया। चुंबक के तेजी से कुंडली में प्रविष्ट करते ही झट से गैलवेनोमीटर की सुई हिली, अर्थात् चुंबक के गति करने के फलस्वरूप विद्युत उत्पन्न हुई। जब उन्होंने चुंबक को कुंडली से बाहर निकाला तो सुई विपरीत दिशा में हिली। यह दिखाने के बाद फैराडे ने दर्शकों को बताया कि इस प्रकार बिजली उत्पन्न की जा सकती है।

प्रयोग समाप्त होने के बाद एक महिला क्रोधित होती हुई फैराडे के पास आयी और बोली, ''यह भी कोई प्रयोग है? क्या उपयोग है इसका? क्या तुमने लोगों को बेवकूफ बनाने के लिए बुलाया था?''

यह सुनकर फैराडे बड़ी नम्रता से बोले, ''मैडम! जिस प्रकार तुम्हारा बच्चा अभी छोटा है, ऐसे ही मेरा प्रयोग भी आज एक छोटे बच्चे के रूप में है। आज आपके इस बच्चे की कोई उपयोगिता नहीं है, इसी प्रकार मेरे प्रयोग की उपयोगिता भी आज कोई नहीं है। हो सकता है बड़ा होकर मेरा यह प्रयोग बहुत महत्त्वपूर्ण सिद्ध हो।''

यह सुनकर वह महिला चुप हो गयी और यह तथ्य तो हम भलीभांति जानते ही हैं कि आगे चलकर फैराडे का यह प्रयोग बिजली के उत्पादन में कितना महत्त्वपूर्ण सिद्ध हुआ।

विष्णु दिगंबर पलुस्कर

उपयुक्त अवसर

सन् 1923 की बात है। उस साल कांग्रेस का वार्षिक अधिवेशन काकिनाडा में हो रहा था। अधिवेशन में प्रख्यात गायनाचार्य पं. विष्णु दिगंबर पलुस्कर 'वंदेमातरम्' गाने के लिए अपने शिष्यों के साथ गये हुए थे।

अधिवेशन के अध्यक्ष मौलाना मोहम्मद अली ने स्वागताध्यक्ष कोंडा वेंकटप्पय्या को पहले से निर्देश दे रखा था कि अधिवेशन में स्वागतगीत या राष्ट्रीयगीत 'वंदेमातरम्' गाते समय कोई वाद्य न बजाया जाए। अधिकांश गायकों ने ऐसा किया भी।

पर जब पलुस्कर जी गाने के लिए मंच पर पहुंचे और उनके शिष्यगण अपने-अपने वाद्य संभालने लगे तब मौलाना अली ने कहा, "आप बिना बाजे के ही राष्ट्रगीत गाइए, बाजे की जरूरत नहीं है।"

पंडितजी ने दृढ़ता से उनकी ओर देखा और बोले, "यह कोई मसजिद नहीं है, यह भारतीय राष्ट्रीय कांग्रेस है। मैं राष्ट्रीयगीत वाद्य-वृंद के साथ ही गाऊंगा।"

और उन्होंने वाद्यों के साथ गाना शुरू कर दिया। कहना न होगा, सभी उपस्थित नेताओं और दर्शकों ने पंडितजी का अभिवादन तालियों की गड़गड़ाहट के साथ किया।

❐❐

महर्षि कर्वे

दोगुनी देन

कन्नड़ लेखक एच. योगनरसिंहम् ने महर्षि कर्वे (भारतरत्न 1958 धोंड़ो केशव कर्वे) की आत्मकथा 'लुकिंग-बैक' का कन्नड़ में अनुवाद किया था। सो उनसे पत्र-व्यवहार द्वारा उनका परिचय तो था पर महर्षि कर्वे से वह कभी मिले नहीं थे।

एक बार जब वे पूना गये तो उन्होंने महर्षि कर्वे से भेंट करनी चाही। उनके आवास पर उनसे भेंट हुई।

औपचारिक बातों के बाद महर्षि कर्वे ने उनसे घरेलू सवाल पूछा, "आपके कितने बच्चे हैं?"

उन्होंने उत्तर दिया, "आठ।"

महर्षि ने कहा, "तो इसका मतलब यह हुआ कि राष्ट्र को आपकी देन मुझसे दोगुनी है।

योगनरसिंहम् बेचारे चकरा गये। महर्षि की अपेक्षा उनकी राष्ट्र सेवा दोगुनी? अतः प्रश्नवाचक दृष्टि से उन्होंने महर्षि की ओर देखा। मुस्कुराते हुए महर्षि कर्वे बोले, "समझे नहीं आप? मेरे चार ही बच्चे हैं और आपके आठ....चार के दोगुने आठ हुए कि नहीं?" और महर्षि हंसने लगे।

महर्षि कर्वे आखिर थे तो गणित के प्राध्यापक। उनका गणित आगंतुक की समझ में आ गया था। वे भी अपनी हंसी रोक न सके।

□□

रुक्मणि अरुंडेल

कला ही सर्वोपरि

नृत्य-संगीत आदि ललित कलाओं की मर्मज्ञा श्रीमती रुक्मणि अरुंडेल भारतीय नृत्यों के प्रदर्शन के लिए हालैंड गई हुई थीं। एक दिन प्रातः उनके होटल के कमरे में फोन की घंटी बजी। ऑपरेटर ने बताया कि भारत के प्रधानमंत्री मोरारजी देसाई उनसे बात करना चाहते हैं।

वे क्षणभर को स्तब्ध रह गयीं। मोरारजी ने प्रस्ताव रखा था कि वे भारत की राष्ट्रपति बनें।

वे कुछ बोल न पायीं। उनके मुंह से केवल इतना ही निकला, ''क्या? राष्ट्रपति? मगर मैं तो राष्ट्रपति पद के बारे में कुछ भी नहीं जानती?''

मोरारजी ने उन्हें तसल्ली दी, ''जान जाओगी, और जो कुछ सीखना है, वह सब कुछ सीख जाओगी। '' उन्होंने निर्देश-सा देते हुए कहा, ''फिलहाल अपने सारे कार्यक्रम रद्द करके तुरंत भारत लौट आओ।''

''आप कहते हैं तो मैं तुरंत आने का प्रबंध करती हूं'', धड़कते दिल से श्रीमती अरुंडेल ने कहा।

इस बातचीत के बाद 'कलाक्षेत्र' और 'राष्ट्रपति' इन दोनों में से एक के चुनाव को लेकर वे उहापोह की स्थिति में सो न सकीं। सुबह होते ही उन्होंने मोरारजी को फोन पर अपना निर्णय सुना दिया—''राष्ट्रपति पद का उत्तरदायित्व स्वीकारने में मैं अपने को असमर्थ पाती हूं।''

मोरारजी ने उन्हें फिर समझाने की चेष्टा की, ''मैं आपकी असमर्थता को समझता हूं। मैंने आपके नाम का चुनाव यह सोचकर किया था कि आप विवादरहित, राजनीतिक प्रपंचों से दूर, कला के लिए समर्पित विश्व-विख्यात महिला हैं इसी नाते राष्ट्रपति पद को गौरवान्वित कर सकेंगी।''

फिर भी वे 'हां' न कर सकीं। अंत में हारकर मोरारजी ने कहा, ''यदि सचमुच आपको मेरा प्रस्ताव अमान्य है, तो

कृपया आप इस आशय का एक तार भेज दें।''

श्रीमती अरुंडेल ने तुरंत तार द्वारा भारत के राष्ट्रपति पद के न स्वीकारे जाने की सूचना भेज दी। अगले दिन देश-विदेश के अखबारों में प्रमुखता के साथ यह खबर छपी।

श्रीमती अरुंडेल के इस सराहनीय कदम की सभी कलाप्रेमियों और प्रबुद्ध जनमानस ने मुक्तकंठ से प्रशंसा की। इस विदुषी कलाकार ने सांस्कृतिक जागरण के प्रतीकरूप 'कलाक्षेत्र' की स्थापना लगभग 100 एकड़ जमीन लेकर थिरुवनमियूर में की थी, जो आज भी अपने गौरव को बनाये हुए नृत्य-संगीत व ललित कलाओं के विद्यार्थियों की साधनास्थली बना हुआ है।

❑❑

बलराज साहनी

निष्ठावान

सिने कलाकार बलराज साहनी एक अच्छे कलाकार होने के साथ निष्ठावान समाजसेवी भी थे। यह घटना उन दिनों की है, जब महाराष्ट्र का भिवंडी नगर सांप्रदायिकता की आग में झुलस रहा था। बलराज साहनी तत्काल अपने कुछेक मित्रों के साथ वहां पहुंचे। पहुंचने पर वहां के कार्यकर्ताओं ने उनके भोजन के लिए लंबा-चौड़ा मीनू पेश कर दिया।

बलराज ने मीनू एक तरफ फेंकते हुए कहा, "इस उपद्रवग्रस्त इलाके में हम पिकनिक मनाने, घूमने या पार्टियां खाने नहीं आये हैं। यदि ऐसा भोजन लाओगे तो हम कुछ नहीं खायेंगे। हमारे लिए तो सादी चपातियां और सब्जी ले आओ।''

कार्यकर्ता साहनी के सरल व्यक्तित्व पर रीझ उठे।

❑❑

पिकासो

सुराग

एक बार प्रख्यात कलाकार पिकासो ने 'मॉडर्न आर्ट' संबंधी अपने चित्रों की एकल प्रदर्शनी आयोजित की। कला का एक शौकीन उनके कुछ चित्र चुरा ले गया पर पकड़ा नहीं जा सका। यहां मजे की बात है कि पिकासो ने उस चोर को पहचान लिया था। स्थानीय पुलिस ने उनसे निवेदन किया कि आप चोर का कुछ हुलिया तो बताइए ताकि उसे पकड़ने का कोई जतन किया जाए।

पिकासो ने कहा कि मैं उसके रेखाचित्र बना देता हूं और उन्होंने बनाये भी। लेकिन जानते हैं, पिकासो द्वारा बनाये गये रेखाचित्रों के आधार पर जो चोर पकड़े गये, वे थे—दो घोड़े, टीन का एक डब्बा, एक कार्क स्क्रू और एक बिल्ली।

निदान

एक बार पिकासो के एक मित्र उनसे मिलने आये। जब वे जाने लगे तो पिकासो ने सौजन्यतावश पूछ लिया कि आपको मेरी किसी मदद की जरूरत तो नहीं है?

उन सज्जन को शीघ्र ही अमरीका जाना था पर उन्हें थोड़ी आर्थिक तंगी जरूर थी। सो उन्होंने बड़े संकोच के साथ पिकासो के सामने अपनी समस्या रखी।

पिकासो ने उन्हें आश्वस्त किया, ''इसमें हताश होने की क्या बात है, मैं आपकी समस्या का निदान किये देता हूं।।'' इतना कहकर नीचे पड़ा हुआ एक तार उठाया और उसे तोड़-मरोड़कर एक आकृति का रूप देने लगे। अंतत: वह किसी शक्ल में परिवर्तित हो ही गया। पिकासो ने उसे अपने मित्र को सौंपते हुए कहा, ''इसे किसी धनाढ्य अमरीकी को यह कहकर बेच देना कि यह पिकासो की कलाकृति है। यदि तुम्हें मनचाही राशि न मिले तो मुझे कहना।''

और कहना न होगा, मित्र की समस्या को उस मुड़े-तुड़े तार ने, पिकासो की कला के नाम पर, हल कर ही दिया।

□□

ईश्वरचंद्र विद्यासागर

फीस

एक दिन एक नवयुवक कलकत्ता स्टेशन पर गाड़ी से उतरा और कुली-कुली पुकारने लगा। हालांकि उसके पास इतना सामान था कि वह आसानी से ढो सकता था।

एक सीधे-सादे सज्जन उसके पास आये और बोले, "कहां चलना है?" वह युवक किसी स्कूल में पढ़ने (ट्रेनिंग के लिए) आया था। सो उसने स्कूल का नाम बताया। वह सज्जन उसका सामान उठाकर चलने लगे। स्कूल पास ही में था, जल्दी ही पहुंच गए। जब वह सामान रखकर जाने लगे तो उसने उन्हें कुछ इनाम देना चाहा।

सामान ढोने वाले ने कहा, "मुझे कोई इनाम नहीं चाहिए। अपना काम स्वयं करने की कोशिश करें, यही मेरा इनाम है।" इतना कहकर वह व्यक्ति चला गया।

अगले रोज जब वह विद्यार्थी कॉलेज पहुंचा तो प्रार्थनास्थल पर उसने देखा कि वही व्यक्ति प्राचार्य के आसन पर विराजमान है। उसे काटो तो खून नहीं।

प्रार्थना के बाद जब विद्यार्थी अपनी-अपनी कक्षाओं में चले गये तो उसने प्राचार्य के चरणों में अपना सिर रखकर माफी मांगी। प्राचार्य ने उसे क्षमा कर दिया।

□□

रोजा लेक्जेंबर

विरोध से क्या लाभ?

जर्मनी की महान् विचारक रोजा लेक्जेंबर के खिलाफ किसी ईर्ष्यालु ने अखबार में कुछ गलत अफवाहें छपवा दीं। इस अफवाह की कोई प्रतिक्रिया उन पर न हुई तब उनके शुभेच्छुओं ने कहा, ''आप आखिर इस अफवाह का खंडन क्यों नहीं करतीं? आपकी चुप्पी से लोगों को संदेह हो रहा है?''

इस पर रोजा ने अपने हितचिंतकों को अपने बचपन में अपने पिता से सुनी एक बात बतायी, जो उन्हें अब तक याद थी— ''जब हम दूसरे के दोषों की ओर इशारा करते हैं तो हमारी एक अंगुली तो दोषी की ओर होती है, बाकी की तीन अंगुलियां अपनी ही तरफ होती हैं।''

फिर उन्होंने अपने मित्रों को तसल्ली दी, ''यह समाचार जिसने भी छपवाया है, उसने मेरी तुलना में अपने को तिगुना दोषी तो पहले ही स्वीकार कर लिया है, फिर उसका विरोध करने से क्या फायदा?''

रोजा के मित्रों के पास उनके इस विनम्र तर्क का कोई जवाब न था।

□□

विजय मर्चेंट

प्रोत्साहन

भारतीय क्रिकेट के ऐतिहासिक खिलाड़ी विजय मर्चेंट क्रिकेट से जब संन्यास ले चुके तो एक पत्रकार उनके पास, उनसे कुछ संस्मरण एकत्र करने गया। उसकी इच्छा जानकर विजय भाई ने बेलागी से कहा, ''भाई, मैं तो एक लंबी पारी खेल चुका, अब उसके बारे में कथा-कहानी कहने से क्या फायदा? मैं चाहता हूं कि मेरे बजाय किसी नये खिलाड़ी के बारे में लिखा जाए, जिससे वह प्रकाश में आ सके। जब मेरे दिन थे तो मुझ पर काफी कुछ लिखा गया, अब तो नये खिलाड़ियों को ही प्रोत्साहन दिया जाना वाजिब है। और इस बाबत भी लिखा जाए कि हमारे खेल में कौन-कौन सी खामियां हैं, ताकि आज के खिलाड़ी कुछ तरक्की कर सकें।''

खुला दरवाजा

विजय भाई की मिल में जो कर्मचारी काम करते थे, उनके लिए विजय भाई के दफ्तर का दरवाजा सदा खुला रहता था। हर किसी से वे किसी भी समय मिलते थे और सदा स्नेह के साथ।

एक दिन रुग्णशय्या पर पड़े एक कर्मचारी का उन्हें फोन मिला कि बड़ी कृपा होगी यदि आप मेरा हिसाब कर दें। उसने यह भी निवेदन किया कि मैं मरने से पहले अपने सारे ऋण चुका जाना चाहता हूं।

विजय भाई ने उसका हिसाब चुकाने में कोई देरी न की। उन्होंने अपने मुंशी को तत्काल उस कर्मचारी को सात हजार रुपये भुगतान करने का आदेश फोन पर ही दिया। रुपया हाथ में आते ही उस रुग्ण कर्मचारी ने अपने देनदारों को बुलाया और सभी का पाई-पाई हिसाब चुकता कर दिया, फिर शांति से प्राण त्यागे। ऐसे सहृदय थे विजय भाई।

❑❑

रणजी

लोकप्रियता

बात उस समय की है, जब दलीप कैंब्रिज में पढ़ते थे। एक बार बिना बत्ती जलाये साइकिल चलाने के जुर्म में दलीप को जुर्माना देना पड़ा।

यह मालूम होने पर कि वह रणजी, प्रसिद्ध क्रिकेट खिलाड़ी, के भतीजे हैं कैंब्रिज के एक अखबार ने इस समाचार को सुर्खियों में छापा। रणजी ने जब यह समाचार पढ़ा तो उन्होंने दलीप को प्रहसन से परिपूर्ण एक तार भेजा—

''हमें ऐसे ही अखबारों में पर्याप्त लोकप्रियता मिल जाती है,
फिर तुमने ऐसा काम क्यों किया?''

असहनीय

एक बार शतक बनाकर रणजी पैवेलियन लौटे तो मित्रों ने उन्हें बधाई दी।

रणजी ने उत्तर देने की बजाय अपने बर्फ से सफेद पैड की ओर इशारा कर दिया, जिस पर तीन जगह गेंद के धब्बे लगे थे।

वास्तव में वह तीन बार गेंद चूके थे और उनके लिए यह बात नागवार थी।

एक मशहूर गेंदबाज ने एक बार कहा भी था, ''मेरी जिंदगी की सबसे शानदार गेंद वह थी, जिसे मैंने रणजी के पैड पर हिट किया था।''

रणजी शायद ही कोई गेंद चूकते थे।

❑❑

वीनू मांकड़

नहीं तो कोट वापस

वीनू मांकड़ खिलाड़ी होने के साथ-साथ नौजवान खिलाड़ियों को प्रोत्साहित भी करते। 'बापू' नाडकर्णी जब सन् 1959 में भारतीय टीम के साथ इंग्लैंड के लिए रवाना हो रहे थे, तो वह वीनू से मिलने गये। वीनू ने उन्हें अपना ऊनी कोट देते हुए कहा, "अगर तुम वहां 75 से ज्यादा विकेट ले लो तो यह कोट तुम्हारा।" पर खेद कि बापू वहां पर सिर्फ 55 विकेट ही ले सके और उन्हें वीनू को कोट वापस करना पड़ा।

सहृदय वीनू

मुंबई की घटना है। माटुंगा जिमखाना में खेलते हुए भारतीय क्रिकेट के ऑलराउंडर खिलाड़ी वीनू मांकड़ ने एक छक्का मारा। इत्तफाक से गेंद दर्शक गैलरी में खड़े एक पांच साल के बच्चे को लगी। बच्चा चक्कर खाकर गिर पड़ा।

वीनू को जैसे ही कुछ गड़बड़ की आशंका हुई, वह फील्ड छोड़कर भागे-भागे घटनास्थल पर पहुंचे और तत्काल बच्चे को अस्पताल भेजने की व्यवस्था की।

मैच की समाप्ति पर वह शाम को बच्चे का हाल-चाल पूछने गये और उसके अभिभावकों से माफी मांगी तथा जरूरत पड़ने पर किसी भी तरह की सहायता का आश्वासन भी दिया।

□□

नेपोलियन बोनापार्ट

परिचय

नेपोलियन कहीं जा रहा था। रास्ते में उसकी नजर एक दृश्य पर पड़ी। वह रुक गया। कई कुली मिलकर भारी-भारी खंभों को उठाने का प्रयास कर रहे थे और मारे पसीने के तरबतर थे। पास में खड़ा एक आदमी उन सबको तरह-तरह के निर्देश दे रहा था।

नेपोलियन ने उस आदमी के करीब जाकर कहा, "भला आप क्यों नहीं इन बेचारों की कुछ मदद करते?"

उसे गुस्सा आ गया और झिड़कते हुए वह बोला, "तुझे मालूम है, मैं कौन हूं?"

"नहीं भाई, मैं तो अजनबी हूं, मैं क्या जानूं कि आप कौन हैं?" नेपोलियन ने विनम्रता से कहा।

"मैं इस काम का ठेकेदार हूं", रोब जमाते हुए उसने कहा।

नेपोलियन बिना कुछ कहे मजदूरों की तरफ चला गया और उन मजदूरों के काम में हिस्सा बंटाने लगा। जब वह जाने लगा तो ठेकेदार ने पूछा, "और, तू कौन है?"

"ठेकेदार साहब, बंदे को लोग नेपोलियन कहते हैं", नेपोलियन ने मुस्कुराते हुए अपना परिचय दिया।

नेपोलियन का नाम सुनते ही ठेकेदार की सिट्टी-पिट्टी गुम हो गयी। उसने अपनी असभ्यता के लिए उससे माफी मांगी। नेपोलियन ने उसे समझाया, "किसी भी काम को अपने ओहदे से नहीं देखना चाहिए और न ही किसी काम को छोटा समझना चाहिए।"

कुछ भी असंभव नहीं

अदम्य उत्साह का धनी नेपोलियन निरंतर युद्ध करता हुआ 'आल्पस' के पास पहुंचा। वह अपनी सेना सहित पार जाना चाहता था।

पहाड़ की तलहटी में एक वृद्धा रहती थी। रास्ते की

जानकारी लेने के लिहाज से नेपोलियन उसके पास पहुंचा और अपने आने का कारण उसे बताया। उसकी बात सुनकर बुढ़िया को हंसी आ गयी। उसने नेपोलियन से कहा, ''तेरे जैसे कई मूर्ख इस दुर्गम पहाड़ पर चढ़ने के प्रयास में अपना जीवन खो चुके हैं। अच्छा यही होगा कि तू जैसे आया है, उसी तरह लौट जा।''

पर बुढ़िया की बात से नेपोलियन कतई निराश नहीं हुआ। उसके अनुसार तो असंभव शब्द मूर्खों के शब्दकोश में पाया जाता है। उसने बुढ़िया से कहा, ''आपकी बातों से मेरा हौसला बढ़ा है। अब मैं अधिक सावधान होकर अपनी भावी योजना बनाऊंगा और इस दुर्गम पहाड़ पर फतह पा करके ही रहूंगा।''

बुढ़िया नेपोलियन के अटल विश्वास को देखकर हैरान रह गयी। उसने उसके साहस की दाद दी और कहा, ''तुम जैसे साहसी लोगों के लिए दुनिया में कुछ भी असंभव नहीं है। जा, तू अपने कार्य में सफल हो, मैं तुझे आशीष देती हूं।''

और वाकई दृढ़ निश्चय के धनी नेपोलियन ने अपनी सेना के साथ पहाड़ पार कर लिया।

राष्ट्रीयकरण

फ्रांस के भाग्यविधाता नेपोलियन बोनापार्ट के सम्मान में एक समारोह का आयोजन किया गया था। दर्शकों में एक महिला पर नेपोलियन की नजर टिकी रह गयी। उसने अपने को हीरे-जवाहरातों से लाद-सा रखा था। नेपोलियन ने अपने सहायक से पूछा, ''इस महिला का पति क्या काम करता है?''

सहायक ने पता लगाकर बताया, ''सर, इसका पति तंबाकू का व्यवसायी है।''

अगले ही दिन नेपोलियन ने आदेश जारी किया, ''तंबाकू के व्यापार का राष्ट्रीयकरण किया जाता है।''

❑❑

जूलियस सीजर

कारण ही मिटा दो

इतिहासप्रसिद्ध रोमन सम्राट जूलियस सीजर का जन्म 101 ई. पू. में एक आभिजात्य रामन कुल में हुआ था। इस कुल के लोग स्वयं को वीनस देवी का वंशज मानते थे। सीजर ने रामन गणतंत्र में अपने-आपको एक तानाशाह के रूप में स्थापित कर लिया था। कहने भर को सारे प्रशासकीय निर्णय रोमन सीनेट की बैठक में लिये जाते थे, लेकिन असल में राजसत्ता का मुख्य केंद्र सीजर का निवास स्थान ही था।

जूलियस सीजर को अपने किसी विरोधी द्वारा लिखे गये पत्रों का एक पुलिंदा मिला पर सीजर ने उन्हें बिना पढ़े ही आग के हवाले कर दिया।

यह देखकर उनके एक मित्र ने पूछा, ''आपने पत्र जलाकर अच्छा नहीं किया। अपने शत्रु के प्रमाण के रूप में ये पत्र अच्छे दस्तावेज साबित हो सकते थे।''

अपने हितैषी को परामर्श के लिए धन्यवाद देने के बाद बड़े सधे अंदाज में सीजर ने कहा, ''यद्यपि मैं क्रोध के प्रति सदैव सतर्क रहता हूं पर मेरी दृष्टि में उससे भी ज्यादा आवश्यक कदम यह है कि क्रोध के कारण को ही मिटा दिया जाए।''

❑❑

जॉन डी. रॉकफेलर

प्रॉमिसरी नोट

जॉन डी. रॉकफेलर एक इंस्टीट्यूट गये। जब वे वहां पहुंचे तो विद्यार्थियों को व्यापार-व्यवसाय के संबंध में बताया जा रहा था। रॉकफेलर के आने पर शिक्षक ने एक छात्र से कहा कि बोर्ड पर यह लिखकर बताओ कि प्रॉमिसरी नोट कैसे लिखा जाता है। छात्र ने तत्काल ही ब्लैक बोर्ड पर लिखा—''मैं इस इंस्टीट्यूट को दस हजार डॉलर देने का वादा करता हूं।

—हस्ताक्षर जॉन डी. रॉकफेलर।''

छात्र की कुशाग्र बुद्धि से रॉकफेलर इतने प्रभावित हुए कि उन्होंने उस इंस्टीट्यूट के नाम उतनी राशि का एक चैक तुरंत काट दिया।

रॉकफेलर वस्तुत: थे ही गुणग्राहक। उनका कहना था कि लोगों से काम लेने की क्षमता भी चीनी, चाय आदि की तरह खरीदी जा सकने वाली वस्तु है। और उसे मैं बाकी सबसे ज्यादा दाम देकर खरीदता हूं।

❐❐

अल्फ्रेड नोबेल

मित्र की सलाह

अल्फ्रेड नोबेल! छोड़ी गयी पूंजी से विभिन्न क्षेत्रों में उल्लेखनीय कार्यों के लिए नोबेल पुरस्कार दिये जाते हैं। आजीवन अविवाहित रहे नोबेल ने 1891 में, इटली में जो मकान खरीदा उसका नाम रखा—'*मिआनिडो*', जिसका अर्थ होता है—मेरा घोंसला। एक मित्र ने चुटकी ली, ''भाई घोंसला तो दो जनों से होता है।''

नोबेल ने उसका नाम बदल कर रख दिया—*नोबेल विला*। जो है उसे स्वीकारना ही चाहिए।

❐❐

एडवर्ड अष्टम

पवित्र स्पर्श

विश्वयुद्ध के दिन थे। 'प्रिंस ऑफ वेल्स' (एडवर्ड अष्टम) एक दिन युद्ध में घायल लोगों को देखने इंग्लैंड के एक प्राइवेट अस्पताल गये।

जब घायलों से मिलकर वे बाहर गेट पर आये तो उन्होंने अस्पताल के अधिकारियों से कहा, ''आप लोग तो घायलों की संख्या 36 बता रहे थे, मैंने 29 ही देखे।''

अधिकारियों ने सफाई दी, ''सर, उनकी हालत बहुत बुरी है, इसी नाते उन्हें आपको नहीं दिखाया गया। इस पर प्रिंस ने उन्हें भी देखने की जिद की, फलतः उन्हें घायलों के पास ले जाया गया। प्रिंस ने सभी से बातें कीं, प्यार से उनका कुशलक्षेम पूछा और शीघ्र स्वास्थ्य लाभ के लिए शुभकामनाएं दीं। जब वह चलने लगे तो उन्हें एकाएक याद आया, और सातवां घायल?''

अस्पताल का सुपरिंटेंडेंट बोला, ''सर, उसकी हालत तो और भी बुरी है। उसकी आंखों की ज्योति चली गयी है, वह सुनने में असमर्थ और बेहद जख्मी है। दृश्य बड़ा भयंकर है, आपका जी मिचला उठेगा।''

प्रिंस ने कहा, ''नहीं, उसको तो मैं जरूर देखूंगा।''

राजा की इच्छा के आगे अधिकारी मजबूर थे। उन्हें घायल के पास ले जाया गया। प्रिंस की आंखों के आगे जीता-जागता मांस का लोथड़ा पड़ा था। बड़ा हृदयविदारक दृश्य था वह। प्रिंस ने आगे बढ़कर उस लोथड़े को स्नेह से देखा और उसका हाथ पकड़कर चूम लिया। कैसा पवित्र स्पर्श था वह!

यह दृश्य देखकर अस्पताल के अधिकारियों की आंखें नम हो उठीं। देश की खातिर, अपनी जिंदगी युद्ध की आग में झोंक देने वाले वीर को भला प्रिंस अपने स्नेह से वंचित कैसे करते?